初級文法で使いこなす韓国語

増田 忠幸 監修
栗畑 利枝 著

SURUGADAI-SHUPPANSHA

＊付属の CD-ROM についての注意事項

・収録されているファイルは、パソコンや携帯音楽プレーヤーなどで再生する MP3 形式となっております。CD-ROM をパソコンの CD ドライブに入れ、ファイルをパソコンにコピーし、iTunes や Windows Media Player などの音声ソフトで再生してください。（CD プレーヤー及び DVD プレーヤーでは再生できません。無理に再生しようとすると、プレーヤーを破損する恐れもありますので、十分ご注意ください。）

・MP3 ファイルのスマートフォンでのご利用方法やパソコンからスマートフォンへの音声データの移動についてなどはご使用の機器のマニュアルをご覧ください。

まえがき

行く時期を工夫したり格安航空券を利用したり、宿泊先や食事する場所を上手にチョイスしたりすることで、ともすると国内を旅行するよりも安く行くことのできる国、韓国。旅行先ではガイドブックやスマートフォンを片手に「ありがとう」、「いくらですか？」「明洞まで行ってください」など片言の韓国語を駆使してバスや地下鉄に乗りこなし、おいしいものを食べて観光を楽しむことができる韓国旅行は身近で手軽に楽しめるイベントとなりました。

どの言語もそうですが、日常会話ではそれほど多くの語彙を必要としません。よく使う言葉を覚えて目的に合わせて言葉を変化させたり、よく使う定型フレーズを丸ごと覚えてその場でさっと言える—これがポイントです。

韓国語を勉強している方々からこんな話をよく聞きます。

「旅行はとても楽しかったけれどあんなに単語や文法を覚えたのに、いざ行ってみたらあまり話せなかった」、「最初は良かったけど、その後話が続かなかった」

旅行を楽しみにしてワクワクしながら言葉を学んでいる方々のお話を参考にして、その場でスマートに言葉が出てくるよう、また初級文法からほんの少し幅のある会話ができるよう一冊の本にまとめました。

最後にこの本を書くにあたって様々なヒントやアドバイスを下さった監修の増田忠幸先生にこの場を借りて厚くお礼申し上げます。

2020年6月　吉日　　栗畑利枝

発音の日本語表記について

ハングルの音と表記にできるだけ早くなじめるように発音を日本語でも併記していますが話すスピードや、区切り方により少しずつ発音に違いが生じます。あくまでも参考程度にとどめ、まずは音声から聞こえた通りに真似してみてください。各課の最後にある「聞いて答えて」では実際のシチュエーションを思い浮かべながらテンポよく話してみましょう。

本書の使い方

基本文型のまとめ、語尾表現、接続表現、単語帳で構成されています。

語尾表現、接続表現はそれぞれ、「解説」、「つなげてみましょう」、「練習してみましょう」、「聞いて答えて」、「復習問題」 で構成されています。

つなげてみましょう

原形から、語尾表現、接続表現をつなげた文を確認し、韓国語のしくみをしっかり覚えましょう。

練習してみましょう

原形、活用した文の薄い文字をなぞってから、文をつくってみましょう。活用した文をノートに最低 10 回は書き、しっかり覚えましょう。

聞いて答えて

会話の練習をしましょう。赤シートで文を隠し、音声に合わせて練習しましょう。

覚えておきたい部分が隠せるようになっており、その部分の音声にはポーズがありますので、まず自分で発声し、その後に続く音声に合わせてシャドーイング練習をしましょう。

復習問題

会話を使った練習問題と作文練習があります。

音声も活用して、しっかり覚えましょう。

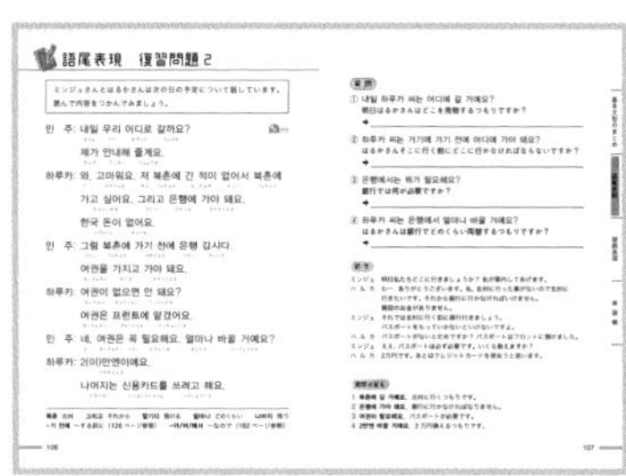

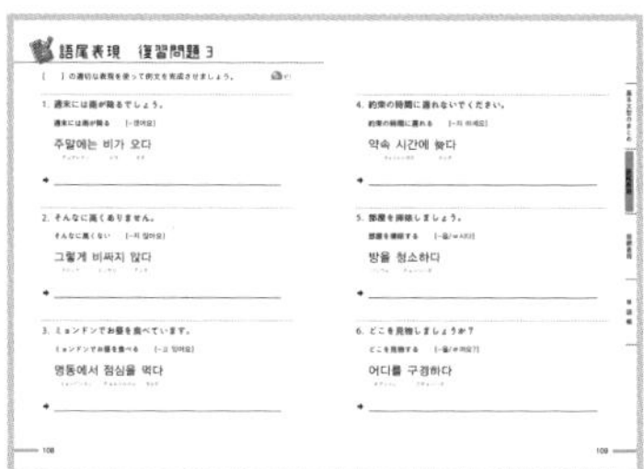

単語帳

単語のほかに、用例、フレーズ、助詞をそれぞれ載せています。

音声について

日本語 → 韓国語の順に録音しています。

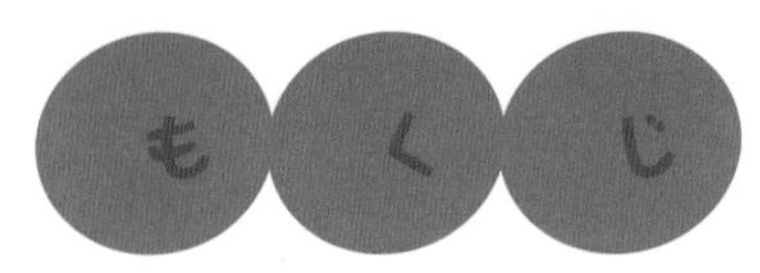
もくじ

接続表現

単語帳

基本文型のまとめ

基本をしっかり復習しましょう！

基本文型のまとめ

へヨ体の文末は肯定、疑問、依頼や命令、勧誘の形が同じですので、イントネーションに気をつけて質問の場合は語尾をしっかりと上げて話しましょう。

001

肯定	疑問
行きます。（下げる） 가요. カヨ	行きますか？（上げる） 가요? カヨ
勧誘	依頼、命令
行きましょう。（のばす） 가요. カヨ	行ってください。（若干強めに） 가요. カヨ

語幹について

語幹とは動詞・形容詞の語尾である **다** のすぐ前にある部分を指します。基本形を「～です・ます体」にするときは全て「語幹」の形によってつなげる言葉が変わりますので注意しましょう！

[가]다　공부[하]다

↑ この部分が語幹 ↑

名詞＋です・ですか？

名詞の最後の音にパッチムがなければ **예요**（エヨ）、あれば ※**이에요**（イエヨ）をつなげます。

教科書**です**。

교과서**예요**.
キョグヮソエヨ

これ**ですか**？

이거**예요**?
イゴエヨ

学生**ですか**？

학생**이에요**?
ハクセンイエヨ

誕生日**です**。

생일**이에요**.
センイリエヨ

名詞＋ではありません

名詞の最後の音のパッチムがなければ **가 아니에요**（ガ アニエヨ）、あれば **이 아니에요**（イ アニエヨ）をつなげます。

友達ではありません。

친구가 아니에요.
チングガ　アニエヨ

ここではありません。

여기가 아니에요.
ヨギガ　アニエヨ

韓国人ではありません。

한국 사람이 아니에요.
ハングッサラミ　アニエヨ

化粧品ではありませんか？

화장품이 아니에요?
ファジャンプミ　アニエヨ

この・その・あの・どの

「この、その、あの」は日本語とほとんど同じような使い方ができます。

この	その	あの	どの
이 イ	그 ク	저 チョ	어느 オヌ

この本です。

이 책이에요.
イ チェギエヨ

その改札口です。

그 개찰구예요.
ク ケチャルグエヨ

あの財布です。

저 지갑이에요.
チョ チガビエヨ

どの駅ですか？

어느 역이에요?
オヌ ヨギエヨ

その他

これ	それ	あれ	どれ
이것(이거) イゴッ（イゴ）	그것(그거) クゴッ（クゴ）	저것(저거) チョゴッ（チョゴ）	어느 것(어느 거) オヌゴッ（オヌ ゴ）
ここ	そこ	あそこ	どこ
※이곳(여기) イゴッ（ヨギ）	그곳(거기) クゴッ（コギ）	저곳(저기) チョゴッ（チョギ）	어느 곳(어디) オヌゴッ（オディ）
こちら	そちら	あちら	どちら
이쪽 イッチョク	그쪽 クッチョク	저쪽 チョッチョク	어느 쪽 オヌッチョク

※会話では主に（　）の言い方を使います。

これはコーヒーです。

이것은 커피예요.
イゴスン　コピエヨ

レジは**こちら**です。

계산대는 **이쪽**이에요.
ケサンデヌン　イッチョギエヨ

それは辞書ですか？

그거는 사전이에요?
クゴヌン　サジョニエヨ

ここが明洞です。

여기가 명동이에요.
ヨギガ　ミョンドンイエヨ

なに・いつ・どこ・いくら・なぜ・どのように

006

日本語と使い方はほとんど同じですが、強調して聞くとき以外は助詞「は(**는/은**)」ではなく、「が（**가/이**)」を使う方が自然です。

なに	いつ	どこ	いくら	なぜ	どのように
뭐 ムォ	언제 オンジェ	어디 オディ	얼마 オルマ	왜 ウエ	어떻게 オットッケ

これは**何**ですか？

이것이 **뭐**예요?
イゴシ　ムォエヨ

トイレは**どこ**ですか？

화장실이 **어디**예요?
ファジャンシリ　オディエヨ

それは**いくら**ですか？

그것이 **얼마**예요?
クゴシ　オルマエヨ

民俗村まで**どうやって**行きますか？

민속촌까지 **어떻게** 가요?
ミンソッチョンッカジ　オットッケ　カヨ

ある・いる／ない・いない

日本語には「あります／います」と２種類ありますが、韓国語は一つです。

ある・いる	ない・いない
있다 イッタ	없다 オプタ

友達が**います**。

친구가 **있어요**.
チングガ　イッソヨ

今時間が**ありません**。

지금 시간이 **없어요**.
チグム　シガニ　オプソヨ

明日、時間が**ありますか？**

내일 시간이 **있어요?**
ネイル　シガニ　イッソヨ

動／形容詞＋です・ます

語幹の形に合わせて **해요/아요/어요** をつなげます。
ヘヨ　アヨ　オヨ

① 語幹が **하** の場合は語尾の **다** を取って **하** を **해요** に変えます。
ハ　タ　ヘヨ

する → **します。**

하다 → 해요.
ハダ　ヘヨ

好きだ → **好きです。**

좋아하다 → 좋아해요.
チョアハダ　チョアヘヨ

② 語幹母音が **ㅏ** または **ㅗ** の場合は **다** を取って **아요** をつなげます。
アヨ

多い → **多いです。**

많다 → 많아요.
マンタ　マナヨ

◇語幹にパッチムがない場合は母音同士が結合します。 009

ㅏ + 아요 → ㅏ요

乗る

乗ります。

타다
タダ

➡ **타요**.
タヨ

ㅗ + 아요 → ㅘ요

見る

見ます。

보다
ポダ

➡ **봐요**.
ポァヨ

③ その他（語幹が **하** 、ㅏ/ㅗ 以外）は **다** を取って **어요**（オヨ） をつなげます。

素敵だ

素敵です。

멋있다
モシッタ

➡ **멋있어요**.
モシッソヨ

食べる

食べます。

먹다
モクタ

➡ **먹어요**.
モゴヨ

◇語幹にパッチムがない場合は母音同士が結合します。 010

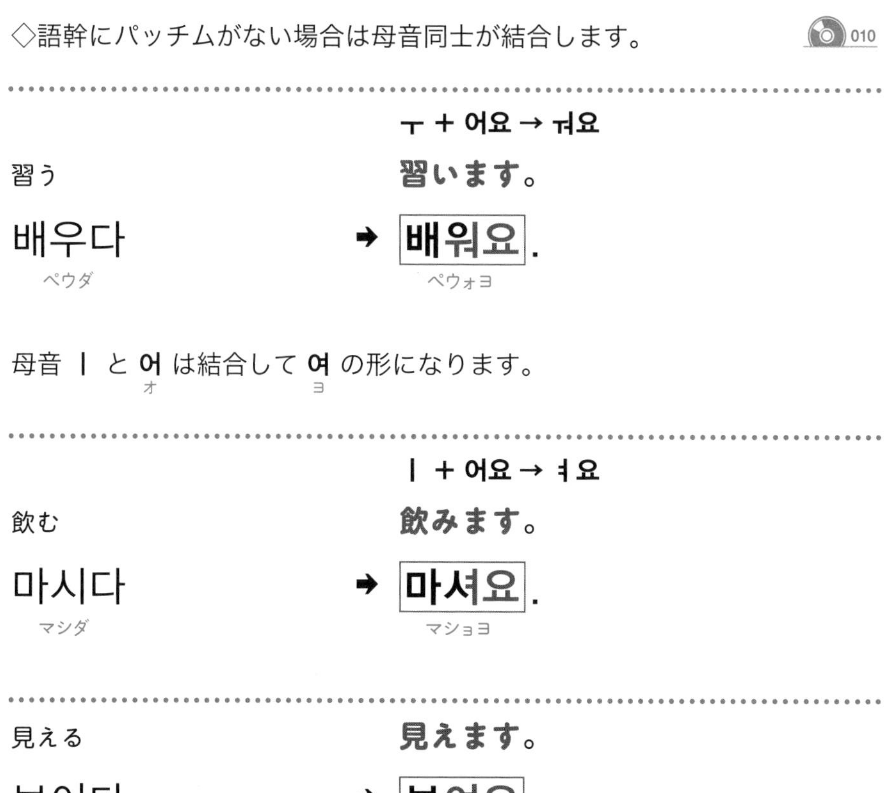

ㅜ + 어요 → ㅝ요

習う

배우다
ペウダ

習います。

➔ **배워요**.
ペウォヨ

母音 ㅣ と 어(オ) は結合して 여(ヨ) の形になります。

ㅣ + 어요 → ㅕ요

飲む

마시다
マシダ

飲みます。

➔ **마셔요**.
マショヨ

見える

보이다
ポイダ

見えます。

➔ **보여요**.
ポヨヨ

7
안否定表現

～しない

動詞・形容詞の前に **안** を入れます。
アン

食べます。

먹어요.
モゴヨ

食べません。

➡ **안 먹어요.**
アンモゴヨ

来ます。

와요.
ワヨ

来ません。

➡ **안 와요.**
アヌヮヨ

安いです。

싸요.
ッサヨ

安くありません。

➡ **안 싸요.**
アンッサヨ

◇名詞＋ **하다**（ハダ） で構成されている動詞は **하다**（ハダ） の前に **안**（アン） を入れます。 

ショッピングします。

쇼핑해요.
ショッピンヘヨ

ショッピングしません。

➡ **쇼핑 안 해요**.
ショッピン　アネヨ

見物します。

구경해요.
クギョンヘヨ

見物しません。

➡ **구경 안 해요**.
クギョン　アネヨ

連絡します。

연락해요.
ヨルラッケヨ

連絡しません。

➡ **연락 안 해요**.
ヨルラク　アネヨ

～できない

能力や何らかの理由によりできないときに使います。動詞の前に **못**(モッ) を入れます。

買います。

사요.
サヨ

買えません。

➡ **못 사요**.
モッサヨ

食べます。

먹어요.
モゴヨ

食べられません。

➡ **못 먹어요**.
モンモゴヨ

◇名詞＋ **하다**(ハダ) で構成されている動詞は **하다**(ハダ) の前に **못**(モッ) を入れます。

料理します。

요리해요.
ヨリヘヨ

料理できません。

➡ **요리 못 해요**.
ヨリ　モッテヨ

でした・ました

語幹の形に合わせて **했어요/았어요/었어요** をつなげます。
ヘッソヨ　アッソヨ　オッソヨ

① 語幹が **하** ➡ **했어요**
ヘッソヨ

電話する　**電話しました。**

전화하다 ➡ **전화했어요**.
チョヌヮハダ　チョヌヮヘッソヨ

② 語幹の母音が **ㅏ/ㅗ** ➡ **았어요**
アッソヨ

座る　**座りました。**

앉다 ➡ **앉았어요**.
アンタ　アンジャッソヨ

◇パッチムがない場合は母音同士が結合します。

오 + 았 → 왔어요

来る　**来ました。**

오다 ➡ **왔어요**.
オダ　ワッソヨ

③ その他 ➡ **었어요**
オッソヨ

着る

입다
イプタ

着ました。

➡ **입었어요**.
イボッソヨ

◇名詞の場合はパッチムの有無に合わせて **였어요, 이었어요** をつなげます。
ヨッソヨ　イオッソヨ

昨日でした。

어제였어요.
オジェヨッソヨ

土曜日でした。

토요일이었어요.
トヨイリヨッソヨ

休日でした。

휴일이었어요.
ヒュイリヨッソヨ

～したい

動詞の語幹に関係なく、**고 싶어요** をつなげます。
ゴ　シッポヨ

会う　　　　　　　　　　　**会いたいです。**

만나다 ➡ **만나고 싶어요.**
マンナダ　　マンナゴ　シッポヨ

◇「～したくない」という表現は **고 싶지 않아요** をつなげます。
ゴ　シプチ　アナヨ

買う　　　　　　　　　　　**買いたくありません。**

사다 ➡ **사고 싶지 않아요.**
サダ　　サゴ　シプチ　アナヨ

食べる　　　　　　　　　　**食べたくありません。**

먹다 ➡ **먹고 싶지 않아요.**
モクタ　　モッコ　シプチ　アナヨ

～するでしょう

1）予定

語幹のパッチムの有無に合わせて **ㄹ 거예요**（ルコエヨ）または **을 거예요**（ウルコエヨ）をつなげます。主語は一人称に限ります。

① 語幹が **ㄹ** かパッチムなし＋ **ㄹ 거예요**（ルコエヨ）

行く　**行くつもりです。**

가다（カダ）→ **갈 거예요.**（カルコエヨ）

② 語幹にパッチムあり＋ **을 거예요**（ウルコエヨ）

受け取る　**受け取るつもりです。**

받다（パッタ）→ **받을 거예요.**（パドゥルコエヨ）

◇「～しないつもりです」は語幹のパッチムに関係なく、**지 않을 거예요**（ジ アヌルコエヨ）をつなげます。

行かないつもりです。

가지 않을 거예요.（カジ アヌルコエヨ）

2）主語が自分以外のときは推量を表します。 018

ミヒョンさんが**行くでしょう**。

미현 씨가 **갈** 거예요.
ミヒョンッシガ カルコエヨ

市場で**売っているでしょう**。

시장에서 **팔** 거예요.
シジャンエソ パルコエヨ

◇パッチムが ㄹ のときは、ㄹ がひとつになります。

天気が**良いでしょう**。

날씨가 **좋**을 거예요.
ナルッシガ チョウルコエヨ

◇名詞の場合はパッチムの有無に関わらず **일 거예요** をつなげます。
イルコエヨ

ジュアさんの**友達でしょう**。

주아 씨 **친구**일 거예요.
ジュアッシ チングイルコエヨ

たぶん**土曜日でしょう**。

아마 **토요일**일 거예요.
アマ トヨイリルコエヨ

〜することができる

動詞の語幹にパッチムの有無に合わせて **ㄹ 수 있어요**（ルス イッソヨ）または **을 수 있어요**（ウルス イッソヨ）をつなげます。

① 動詞の語幹にパッチムなし＋ **ㄹ 수 있어요.**（ルス イッソヨ）

行く　→　**行くことができます。**

가다（カダ）　→　**갈 수 있어요.**（カルス イッソヨ）

② 動詞の語幹にパッチムあり＋ **을 수 있어요.**（ウルス イッソヨ）

食べる　→　**食べることができます。**

먹다（モクタ）　→　**먹을 수 있어요.**（モグルス イッソヨ）

◇「〜することができない」という表現は **있어요**（イッソヨ）の代わりに **없어요**（オプソヨ）をつなげます。

行くことができません。

갈 수 없어요.（カルス オプソヨ）

～てもいいです

語幹の形に合わせて **해/아/어도 돼요** をそれぞれつなげます。
へ　ア　オド　トゥエヨ

① 語幹が **하** ➡ **해도 돼요**
ヘド　トゥエヨ

する　　**してもいいです。**

하다 ➡ **해도 돼요.**
ハダ　　ヘド　トゥエヨ

② 語幹の母音が **ㅏ/ㅗ** ➡ **아도 돼요**
アド　トゥェヨ

ㅏ + 아도 → ㅏ도

乗る　　**乗ってもいいですか？**

타다 ➡ **타도 돼요?**
タダ　　タド　トゥエヨ

③ その他の語幹 ➡ **어도 돼요**
オド　トゥェヨ

読む　　**読んでもいいですか？**

읽다 ➡ **읽어도 돼요?**
イクタ　　イルゴド　トゥエヨ

基本文型のまとめ　語尾表現　接続表現　単語帳

語尾表現

語尾表現をマスターすれば、
会話の幅がグッと広がります！

1 意志・推測の語尾表現 ①

もう一度来ます。

다시 오겠어요.

タシ　オゲッソヨ

「～します」という意志表現は、動詞・形容詞語幹に **겠어요**（ケッソヨ）をつなげます。

もう一度来ます。

다시 **오겠어요.**　오다［来る］
タシ　オゲッソヨ

一生懸命勉強します。

열심히 **공부하겠어요.**　공부하다［勉強する］
ヨルシミ　コンブハゲッソヨ

これ以上食べられません。

더 이상 **못 먹겠어요.**　먹다［食べる］
トイサン　モンモッケッソヨ

疑問形にして相手の意志を尋ねることもできます。

コーヒーを一杯お飲みになりますか？

커피를 한 잔 **드시겠어요?**　드시다［召し上がる］
コピルル　ハンジャン　トゥシゲッソヨ

つなげてみましょう

①

飲む

마시다
マシダ

→ **飲みます。**

마시겠어요.
マシゲッソヨ

②

ロビーで待つ

로비에서 기다리다
ロビエソ キダリダ

→ ロビーで**待ちます。**

로비에서 **기다리겠어요**.
ロビエソ キダリゲッソヨ

③

今は行けない

지금은 못 가다
チグムン モッカダ

→ 今は**行けません。**

지금은 **못 가겠어요**.
チグムン モッカゲッソヨ

④

明日電話する

내일 전화하다
ネイル チョヌヮハダ

→ 明日**電話します。**

내일 **전화하겠어요**.
ネイル チョヌヮハゲッソヨ

練習してみましょう

薄い字をなぞってから文法を活用して文をつくってみましょう。

① 何を召し上がる

뭘 드시다
ムォル　トゥシダ

何に**なさいますか**（何をお召し上がりになりますか）？

➡ 뭘 드시겠어요?
ムォル　トゥシゲッソヨ

➡ ＿＿＿＿＿＿＿＿＿＿＿＿＿＿＿＿

② あさって会う

모레 만나다
モレ　マンナダ

あさって**会います**。

➡ 모레 만나겠어요.
モレ　マンナゲッソヨ

➡ ＿＿＿＿＿＿＿＿＿＿＿＿＿＿＿＿

③ ここでは買わない

여기서는 안 사다
ヨギソヌン　アンサダ

ここでは**買いません**。

➡ 여기서는 안 사겠어요.
ヨギソヌン　アンサゲッソヨ

➡ ＿＿＿＿＿＿＿＿＿＿＿＿＿＿＿＿

主語が自分以外のときは推測の意味を持ちます。

④ 明日は雨が降る

내일은 비가 오다
ネイルン　ピガ　オダ

明日は雨が**降るでしょう**。

➡ 내일은 비가 오겠어요.
ネイルン　ピガ　オゲッソヨ

➡ ____________________

⑤ デパートは高い

백화점은 비싸다
ペックヮジョムン　ピッサダ

デパートは**高いでしょう**。

➡ 백화점은 비싸겠어요.
ペックヮジョムン　ピッサゲッソヨ

➡ ____________________

聞いて答えて

シートをかぶせて音声に合わせて言ってみましょう。

①
A: 何に**なさいますか？**

뭘 **드시겠어요?**
ムォル　トゥシゲッソヨ

B: スンドゥブチゲ下さい。

순두부찌개 주세요.
スンドウブッチゲ　チュセヨ

②
A: いつ会いますか？

언제 만나요?
オンジェ　マンナヨ

B: あさって**会います。**

모레 **만나겠어요.**
モレ　マンナゲッソヨ

③
A: ここで買うつもりですか？

여기서 살 거예요?
ヨギソ　サルコエヨ

B: いいえ、ここでは**買いません。**

아뇨, 여기서는 **안 사겠어요.**
アニョ　ヨギソヌン　アンサゲッソヨ

④ A: 明日は雨が降るでしょうか？

내일은 비가 올까요?
ネイルン　ピガ　オルカヨ？

B: はい、明日は雨が**降るでしょう**。

네, 내일은 비가 **오겠어요**.
ネ　ネイルン　ピガ　オゲッソヨ

⑤ A: デパートは**高いでしょう**。

백화점은 **비싸겠어요**.
ペックヮジョムン　ピッサゲッソヨ

B: それでは市場で買います。

그럼 시장에서 사겠어요.
クロム　シジャンエソ　サゲッソヨ

そんなに辛くありません。

그렇게 맵지 않아요.

クロッケ　メプチ　アナヨ

否定の表現は語幹に **지 않아요** をつなげます。
チ　アナヨ

そんなに**辛くありません**。

그렇게 **맵지 않아요**.　　맵다 [辛い]
クロッケ　メプチ　アナヨ

今日は**寒くありません**。

오늘은 **춥지 않아요**.　　춥다 [寒い]
オヌルン　チュプチ　アナヨ

何らかの理由や能力によりできない場合は **지 못해요** をつなげます。
チ　モッテヨ

長い時間**歩けません**。

오래 **걷지 못해요**.　　걷다 [歩く]
オレ　コッチ　モッテヨ

つなげてみましょう

①

書く　　書きません。

쓰다 ➔ 쓰지 않아요.

ッスダ　　ッスジ アナヨ

②

面白い　　面白くないです。

재미있다 ➔ 재미있지 않아요.

チェミイッタ　　チェミイッチ アナヨ

③

車を運転する　　車を**運転できません**。

차를 운전하다 ➔ 차를 운전하지 못해요.

チャルル ウンジョナダ　　チャルル ウンジョナジ モッテヨ

④

ミンスさんは行く　　ミンスさんは**行けませんでした**。

민수 씨는 가다 ➔ 민수 씨는 가지 못했어요.

ミンスッシヌン カダ　　ミンスッシヌン カジ モッテッソヨ

練習してみましょう

薄い字をなぞってから文法を活用して文をつくってみましょう。

① タバコを吸う

담배를 피우다
タンベルル　ピウダ

タバコを**吸いません。**

➡ 담배를 피우지 않아요.
タンベルル　ピウジ　アナヨ

➡ ______________________________

② ユズ茶が好きだ

유자차를 좋아하다
ユジャチャルル　チョアハダ

ユズ茶が**好きではありません。**

➡ 유자차를 좋아하지 않아요.
ユジャチャルル　チョアハジ　アナヨ

➡ ______________________________

③ 最近は勉強する

요즘은 공부하다
ヨジュムン　コンブハダ

最近は**勉強しません。**

➡ 요즘은 공부하지 않아요.
ヨジュムン　コンブハジ　アナヨ

➡ ______________________________

④ 試験が難しい

시험이 어렵다
シホミ　オリョプタ

試験が**難しくありませんでした。**

➡ 시험이 어렵지 않았어요.
シホミ　オリョッチ　アナッソヨ

➡ ____________________

⑤ 友達に会う

친구를 만나다
チングルル　マンナダ

友達に**会えませんでした。**

➡ 친구를 만나지 못했어요.
チングルル　マンナジ　モッテッソヨ

➡ ____________________

⑥ 見る

보다
ボダ

見られませんでした。

➡ 보지 못했어요.
ボジ　モッテッソヨ

➡ ____________________

聞いて答えて

① A: タバコを吸いますか？

담배를 피워요?
タンベルル ピウォヨ

B: いいえ、タバコを**吸いません**。

아뇨, 담배를 **피우지 않아요**.
アニョ タンベルル ピウジ アナヨ

② A: ユズ茶が好きですか？

유자차를 좋아해요?
ユジャチャルル チョアヘヨ

B: いいえ、ユズ茶が**好きではありません**。

아뇨, 유자차를 **좋아하지 않아요**.
アニョ ユジャチャルル チョアハジ アナヨ

③ A: 最近も勉強しますか？

요즘도 공부해요?
ヨジュムド コンブヘヨ

B: いいえ、最近は**勉強しません**。

아뇨, 요즘은 **공부하지 않아요**.
アニョ ヨジュムン コンブハジ アナヨ

④ A: 試験が難しかったですか？

시험이 어려웠어요?

シホミ　オリョウォッソヨ

B: いいえ、試験は**難しくありませんでした**。

아뇨, 시험은 **어렵지 않았어요**.

アニョ　シホムン　オリョプチ　アナッソヨ

⑤ A: 友達に会いましたか？

친구를 만났어요?

チングルル　マンナッソヨ

B: いいえ、友達に**会えませんでした**。

아뇨, 친구를 **만나지 못했어요**.

アニョ　チングルル　マンナジ　モッテッソヨ

⑥ A: その映画を見ましたか？

그 영화를 봤어요?

ク　ヨンファルル　ボァッソヨ

B: いいえ、**見られませんでした**。

아뇨, **보지 못했어요**.

アニョ　ポジ　モッテッソヨ

3

進行を表す語尾表現

友達を待っています。

친구를 기다리고 있어요.

チングル　キダリゴ　イッソヨ

進行の表現は動詞語幹に **고 있어요** をつなげます。
ゴ　イッソヨ

友達を**待っています。**

친구를 **기다리고 있어요.**　기다리다［待つ］
チングルル　キダリゴ　イッソヨ

宿題（を）**やっています。**

숙제(를) **하고 있어요.**　숙제(를) 하다［宿題（を）する］
スクチェ（ルル）　ハゴ　イッソヨ

ご飯を**食べています。**

밥을 **먹고 있어요.**　먹다［食べる］
パブル　モッコ　イッソヨ

つなげてみましょう

①

掃除する　　　　掃除（を）しています。

청소하다 ➡ 청소하고 있어요.

チョンソハダ　　チョンソハゴ　イッソヨ

②

地図を見る　　　　地図を見ています。

지도를 보다 ➡ 지도를 보고 있어요.

チドルル　ポダ　　チドルル　ポゴ　イッソヨ

③

手紙を書く　　　　手紙を書いています。

편지를 쓰다 ➡ 편지를 쓰고 있어요.

ピョンジルル　ッスダ　　ピョンジルル　ッスゴ　イッソヨ

④

鍵を探す　　　　鍵を探しています。

열쇠를 찾다 ➡ 열쇠를 찾고 있어요.

ヨルスェルル　チャッタ　　ヨルスェルル　チャッコ　イッソヨ

練習してみましょう

薄い字をなぞってから文法を活用して文をつくってみましょう。

① 今行く

지금 가다
チグム カダ

今向かっています。

➡ 지금 가고 있어요.
チグム カゴ イッソヨ

➡ ＿＿＿＿＿＿＿＿＿＿＿＿＿＿＿＿

② 新聞を読む

신문을 읽다
シンムヌル イクタ

新聞を**読んでいます。**

➡ 신문을 읽고 있어요.
シンムヌル イルコ イッソヨ

➡ ＿＿＿＿＿＿＿＿＿＿＿＿＿＿＿＿

③ 学校で英語を習う

학교에서 영어를 배우다
ハッキョエソ ヨンオルル ペウタ

学校で英語を**習っています。**

➡ 학교에서 영어를 배우고 있어요.
ハッキョエソ ヨンオルル ペウゴ イッソヨ

➡ ＿＿＿＿＿＿＿＿＿＿＿＿＿＿＿＿

④ デパートで買い物をする

백화점에서 쇼핑을 하다
ペックァジョメソ　ショッピンウル　ハダ

デパートで買い物を**しています**。

➔ 백화점에서 쇼핑을 하고 있어요.
ペックァジョメソ　ショッピンウル　ハゴ　イッソヨ

➔ ________________

⑤ 部屋を掃除する

방을 청소하다
パンウル　チョンソハダ

部屋を**掃除しています**。

➔ 방을 청소하고 있어요.
パンウル　チョンソハゴ　イッソヨ

➔ ________________

身に着ける動詞の時は進行ではなく、「その状態」を表します。

帽子を**かぶっています**。

모자를 쓰고 있어요.
モジャルル　ッスゴ　イッソヨ

聞いて答えて

① A: 着きましたか？

도착했어요?
トチャッケッソヨ

B: 今**向かっています。**

지금 **가고 있어요.**
チグム　カゴ　イッソヨ

② A: 何を読んでいますか？

뭘 읽고 있어요?
ムォル　イルコ　イッソヨ

B: 新聞を**読んでいます。**

신문을 **읽고 있어요.**
シンムヌル　イルコ　イッソヨ

③ A: 学校で何を習っていますか？

학교에서 뭘 배우고 있어요?
ハッキョエソ　ムォル　ペウゴ　イッソヨ

B: 学校で英語を**習っています。**

학교에서 영어를 **배우고 있어요.**
ハッキョエソ　ヨンオルル　ペウゴ　イッソヨ

④ A: 今何していますか？

지금 뭐해요?

チグム　ムォヘヨ

B: デパートで買い物を**しています**。

백화점에서 쇼핑을 **하고 있어요**.

ペックヮジョメソ　ショッピンウル　ハゴ　イッソヨ

⑤ A: 部屋で何をしていますか？

방에서 뭐해요?

パンエソ　ムォヘヨ

B: 部屋を**掃除しています**。

방을 **청소하고 있어요**.

パンウル　チョンソハゴ　イッソヨ

無理しないでください。

무리하지 마세요.

ムリハジ　マセヨ

「〜しないでください」という表現は動詞の語幹に **지 마세요** をつなげます。
チ　マセヨ

展示品に手を**触れないでください。**

전시물에 손을 **대지 마세요.**　대다［触れる］
チョンシムレ　ソヌル　テジ　マセヨ

ここには**上がらないでください。**

여기에는 **올라가지 마세요.**　올라가다［上がる、登る］
ヨギエヌン　オルラガジ　マセヨ

ここでタバコを**吸わないでください。**

여기서 담배를 **피우지 마세요.**　피우다［(タバコ)を吸う］
ヨギソ　タムベルル　ピウジ　マセヨ

つなげてみましょう

①

心配する　**心配しないでください。**

걱정하다 ➡ 걱정하지 마세요.

コクチョンハダ　コクチョンハジ　マセヨ

②

走る　**走らないでください。**

뛰다 ➡ 뛰지 마세요.

ットゥィダ　ットゥィジ　マセヨ

③

たくさん飲む　たくさん**飲まないでください。**

많이 마시다 ➡ 많이 마시지 마세요.

マニ　マシダ　マニ　マシジ　マセヨ

④

ここに置く　ここに**置かないでください。**

여기에 놓다 ➡ 여기에 놓지 마세요.

ヨギエ　ノッタ　ヨギエ　ノッチ　マセヨ

練習してみましょう

薄い字をなぞってから文法を活用して文をつくってみましょう。

① 無理する

무리하다
ムリハダ

無理しないでください。

➔ 무리하지 마세요.
ムリハジ　マセヨ

➔ ______

② 忘れる

잊어버리다
イジョボリダ

忘れないでください。

➔ 잊어버리지 마세요.
イジョボリジ　マセヨ

➔ ______

③ 遅れる

늦다
ヌッタ

遅れないでください。

➔ 늦지 마세요.
ヌッチ　マセヨ

➔ ______

④ 写真を撮る

사진을 찍다
サジヌル ッチクタ

写真を**撮らないでください。**

➡ 사진을 찍지 마세요.
サジヌル ッチクチ マセヨ

➡ ______

⑤ 中へ入る

안으로 들어가다
アヌロ トゥロガダ

中へ**入らないでください。**

➡ 안으로 들어가지 마세요.
アヌロ トゥロガジ マセヨ

➡ ______

⑥ 鍵をなくす

열쇠를 잃어버리다
ヨルスェルル イロボリダ

鍵を**なくさないでください。**

➡ 열쇠를 잃어버리지 마세요.
ヨルスェルル イロボリジ マセヨ

➡ ______

聞いて答えて

① A: **無理しないでください。**

무리하지 마세요.
ムリハジ　マセヨ

B: ありがとう。

고마워요.
コマウォヨ

② A: **忘れないでください。**

잊어버리지 마세요.
イジョボリジ　マセヨ

B: はい、わかりました。

네, 알겠어요.
ネ　アルゲッソヨ

③ A: 明日は 9 時に出発しますか？

내일은 9(아홉)시에 출발해요?
ネイルン　アホプシエ　チュルバレヨ

B: はい、**遅れないでください。**

네, 늦지 마세요.
ネ　ヌッチ　マセヨ

④ A: 写真を**撮らないでください**。

사진을 찍지 마세요.
サジヌル チクチ マセヨ

B: わかりました。

알겠어요.
アルゲッソヨ

⑤ A: 中へ**入らないでください**。

안으로 들어가지 마세요.
アヌロ トゥロガジ マセヨ

B: わかりました。

알겠어요.
アルゲッソヨ

⑥ A: 鍵を**なくさないでください**。

열쇠를 잃어버리지 마세요.
ヨルスェルル イロボリジ マセヨ

B: はい、わかりました。

네, 알겠어요.
ネ アルゲッソヨ

5

勧誘の語尾表現

免税店に行きましょう。

면세점에 갑시다.

ミョンセジョメ　カプシダ

「～しましょう」という勧誘表現は動詞の語幹が ㄹ かパッチムがなければ **ㅂ시다**（プシダ）、それ以外では **읍시다**（ウプシダ）をつなげます。

免税店に**行きましょう**。

면세점에 **갑시다**.　가다［行く］

ミョンセジョメ　カプシダ

お昼に冷麺を**食べましょう**。

점심에 냉면을 **먹읍시다**.　먹다［食べる］

チョムシメ　ネンミョヌル　モグプシダ

語幹のパッチムに ㄹ がある時、次に ㅂ ㅅ ㄴ のいずれかが来るとパッチム ㄹ は脱落します。（ㄹ脱落）

一緒にタッカルビを**作りましょう**。

같이 닭갈비를 **만듭시다**.　만들다［作る］

カッチ　タッカルビルル　マンドゥプシダ

つなげてみましょう

①

習う

배우다
ペウダ

習いましょう。

→ **배웁시다**.
ペウプシダ

②

雑誌を読む

잡지를 읽다
チャプチルル イクタ

雑誌を**読みましょう**。

→ 잡지를 **읽읍시다**.
チャプチルル イルグプシダ

③

焼酎を飲む

소주를 마시다
ソジュルル マシダ

焼酎を**飲みましょう**。

→ 소주를 **마십시다**.
ソジュルル マシプシダ

④

8時に出発する

8(여덟)시에 출발하다
ヨドルシエ チュルバラダ

8時に**出発しましょう**。

→ 8시에 **출발합시다**.
ヨドルシエ チュルバラプシダ

練習してみましょう

薄い字をなぞってから文法を活用して文をつくってみましょう。

① 図書館で一緒に勉強する

도서관에서 같이 공부하다
トングヮネソ　カッチ　コンブハダ

図書館で一緒に**勉強しましょう。**

➡ 도서관에서 같이 공부합시다.
トングヮネソ　カッチ　コンブハプシダ

➡ ______________________________

② 週末に映画を見る

주말에 영화를 보다
チュマレ　ヨンファルル　ポダ

週末に映画を**見ましょう。**

➡ 주말에 영화를 봅시다.
チュマレ　ヨンファルル　ポプシダ

➡ ______________________________

③ 退勤後に一杯やる

퇴근 후에 한잔하다
トゥェグンフエ　ハンジャナダ

退勤後に一杯**やりましょう。**

➡ 퇴근 후에 한잔합시다.
トゥェグンフエ　ハンジャンナプシダ

➡ ______________________________

④ トッポギを食べる

떡볶이를 먹다
ットクホッキルル　モクタ

トッポギを**食べましょう**。

➡ 떡볶이를 먹읍시다.
ットクホッキルル　モグプシダ

➡ ____________________

⑤ ビビンバをつくる

비빔밥을 만들다
ピビムパブル　マンドゥルダ

ビビンバを**つくりましょう**。

➡ 비빔밥을 만듭시다. (ㄹ脱落)
ピビムパブル　マンドゥプシダ

➡ ____________________

⑥ ここでちょっと休む

여기서 좀 쉬다
ヨギソ　チョム　シュイダ

ここでちょっと**休みましょう**。

➡ 여기서 좀 쉽시다.
ヨギソ　チョム　シュイプシダ

➡ ____________________

聞いて答えて

① A: 図書館で一緒に**勉強しましょう**。

도서관에서 같이 **공부합시다**.
トソグヮネソ　カッチ　コンブハプシダ

B: はい、そうしましょう。

네, 그렇게 해요.
ネ　クロッケ　ヘヨ

② A: 週末に映画を**見ましょう**。

주말에 영화를 **봅시다**.
チュマレ　ヨンファルル　ポプシダ

B: はい、いいですよ。

네, 좋아요.
ネ　チョアヨ

③ A: 退勤後に一杯**やりましょう**。

퇴근 후에 한잔**합시다**.
トゥエグンフエ　ハンジャナプシダ

B: ごめんなさい。今日約束があります。

미안해요. 오늘 약속이 있어요.
ミアネヨ　オヌル　ヤクソギ　イッソヨ

④ A: 何を食べますか？

뭘 먹어요?
ムォル モゴヨ

B: トッポギを**食べましょう**。

떡볶이를 **먹읍시다**.
ットㇰポッキルㇽ モグㇷ゚シダ

⑤ A: 夕飯に何をつくりますか？

저녁에 뭘 만들어요?
チョニョゲ ムォル マンドゥロヨ

B: ビビンバを**つくりましょう**。

비빔밥을 **만듭시다**.
ビビㇺバブㇽ マンドゥㇷ゚シダ

⑥ A: ここでちょっと**休みましょう**。

여기서 좀 **쉽시다**.
ヨギソ チョㇺ シュィㇷ゚シダ

B: はい、いいですね。

네, 좋아요.
ネ チョアヨ

何を食べましょうか？

뭘 먹을까요?

ムォル　モグルカヨ

041

相手に意向を尋ねたり、意見を求める表現は動詞・形容詞の語幹が ㄹ かパッチムがなければ **ㄹ까요?**（ルカヨ）、それ以外では **을까요?**（ウルカヨ）をつなげます。

何を**食べ**ましょうか？

뭘 **먹을까요?**　먹다［食べる］

ムォル　モグルカヨ

どこでタクシーに**乗り**ましょうか？

어디서 택시를 **탈까요?**　타다［乗る］

オディソ　テクシルル　タルカヨ

面白いでしょうか？

재미있을까요?　재미있다［面白い］

チェミイッスルカヨ

つなげてみましょう

①

電話してみる → **電話してみましょうか？**

전화해 보다 ➡ **전화해 볼까요**?

チョヌヮヘ　ボダ　　チョヌヮヘ　ボルカヨ

②

一番安い → 一番**安いでしょうか？**

제일 싸다 ➡ 제일 **쌀까요**?

チェイル　ッサダ　　チェイル　ッサルカヨ

③

人が多い → 人が**多いでしょうか？**

사람이 많다 ➡ 사람이 **많을까요**?

サラミ　マンタ　　サラミ　マヌルカヨ

④

どこで買う → どこで**買いましょうか？**

어디서 사다 ➡ 어디서 **살까요**?

オディソ　サダ　　オディソ　サルカヨ

練習してみましょう

薄い字をなぞってから文法を活用して文をつくってみましょう。

① 何時に会う

몇 시에 만나다
ミョッシエ マンナダ

何時に**会いましょうか？**

➡ 몇 시에 만날까요?
ミョッシエ マンナルカヨ

➡ ＿＿＿＿＿＿＿＿＿＿＿＿＿＿

② 明日雨が降る

내일 비가 오다
ネイル ピガ オダ

明日雨が**降るでしょうか？**

➡ 내일 비가 올까요?
ネイル ピガ オルカヨ

➡ ＿＿＿＿＿＿＿＿＿＿＿＿＿＿

③ 何を飲む

뭘 마시다
ムォル マシダ

何を**飲みましょうか？**

➡ 뭘 마실까요?
ムォル マシルカヨ

➡ ＿＿＿＿＿＿＿＿＿＿＿＿＿＿

④ 週末天気が良い

주말에 날씨가 좋다
チュマレ ナルシガ チョッタ

週末天気が**いいでしょうか?**

➡ 주말에 날씨가 좋을까요?
チュマレ ナルシガ チョウルカヨ

➡ ______

⑤ 何を差し上げる

뭘 드리다
ムォル トゥリダ

(お店などで)何に**なさいますか?**

➡ 뭘 드릴까요?
ムォル トゥリルカヨ

➡ ______

⑥ いつお土産を買う

언제 선물을 사다
オンジェ ソンムル サダ

いつお土産を**買いましょうか?**

➡ 언제 선물을 살까요?
オンジェ ソンムル サルカヨ

➡ ______

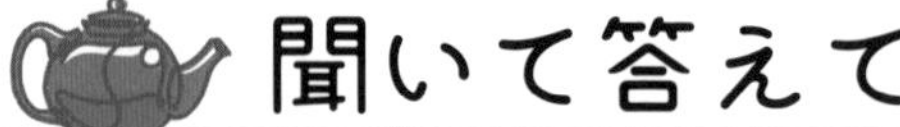

聞いて答えて

① A: 何時に**会いましょうか？**

몇 시에 **만날까요?**

ミョッシエ　マンナルカヨ

B: 10時に会いましょう。

10(열)시에 만납시다.

ヨルシエ　マンナプシダ

② A: 明日雨が**降るでしょうか？**

내일 비가 **올까요?**

ネイル　ピガ　オルカヨ

B: いいえ、明日は降らないでしょう。

아뇨, 내일은 안 올 거예요.

アニョ　ネイルン　アノルコエヨ

③ A: 何を**飲みましょうか？**

뭘 **마실까요?**

ムォル　マシルカヨ

B: マッコリはどうですか？

막걸리는 어때요?

マッコルリヌン　オッテヨ

④ A: 週末天気が**良いでしょうか？**

주말에 날씨가 **좋을까요?**

チュマレ　ナルシガ　チョウルカヨ

B: はい、良いでしょう。

네, 좋을 거예요.

ネ　チョウルコエヨ

⑤ A: 何に**なさいますか？**

뭘 **드릴까요?**

ムォル　トゥリルカヨ

B: スンドゥブチゲ下さい。

순두부찌개 주세요.

スンドゥブッチゲ　チュセヨ

⑥ A: いつお土産を**買いましょうか？**

언제 선물을 **살까요?**

オンジェ　ソンムル　サルカヨ

B: 明日買いましょう。

내일 삽시다.

ネイル　サプシダ

語尾表現　復習問題 1

韓国に旅行に来たはるかさんと友人のミンジュさんの食堂での会話を読んで内容をつかんでみましょう。

045

민　주: 하루카 씨, 뭘 먹어요?
ミンジュ　ハルカッシ　ムォル　モゴヨ

하루카: 저는 김치찌개를 먹어요. 민주 씨는요?
ハルカ　チョヌン　キムチッチゲルル　モゴヨ　ミンジュッシヌンニョ

민　주: 저는 된장찌개를 먹어요. 자, 주문합시다.
チョヌン　テンジャンッチゲルル　モゴヨ　チャ　チュムナプシダ

하루카: 잠깐만요. 가요코 씨가 아직 오지 않았어요.
チャムッカンマンニョ　カヨコッシガ　アジク　オジアナッソヨ

지금 오고 있어요.
チグム　オゴ　イッソヨ

민　주: 그럼 조금 이따가 주문할까요?
クロム　チョグム　イッタガ　チュムナルカヨ

가요코 씨가 올 때까지 맥주 마십시다.
カヨコッシガ　オルッテッカジ　メクチュ　マシプシダ

하루카: 그래요. 그런데 민주 씨, 우리 이따가 또 술
クレヨ　クロンデ　ミンジュッシ　ウリ　イッタガ　ット　スル

마실 거예요. 지금 많이 마시지 마세요.
マシルコエヨ　チグム　マニ　マシジマセヨ

민　주: 하하, 알았어요. 조금만 마시겠어요.
ハハ　アラッソヨ　チョグムマン　マシゲッソヨ

잠깐만요. ちょっと待ってください。　**조금만** 少しだけ　**또** また

質問

① 하루카 씨는 뭘 먹어요?
はるかさんは何を食べますか？
➔ ______

② 민주 씨는 뭘 먹어요?
ミンジュさんは何を食べますか？
➔ ______

③ 누가 아직 오지 않았어요?
誰がまだ来ていませんか？
➔ ______

④ 이따가 뭘 할 거예요?
後で何をするつもりですか？
➔ ______

訳文

ミンジュ：はるかさん、何を食べますか？
ハルカ：私はキムチチゲを食べます。ミンジュさんは？
ミンジュ：私はテンジャンチゲを食べます。じゃあ、注文しましょう。
ハルカ：ちょっと待ってください。かよこさんがまだ来ていません。
いまこちらに向かっています。
ミンジュ：それでは少しあとで注文しましょうか？
カヨコさんが来るまでビール飲みましょう。
ハルカ：そうですね。ところでミンジュさん、私たち後でまたお酒飲むつもりですよ。
今たくさん飲まないでくださいね。
ミンジュ：ハハ、分かりました。少しだけ飲みます。

質問の答え

① **김치찌개를 먹어요.** キムチチゲを食べます。
② **된장찌개를 먹어요.** テンジャンチゲを食べます。
③ **가요코 씨가 아직 오지 않았어요.** かよこさんがまだ来ていません。
④ **술 마실 거예요.** お酒を飲むつもりです。

禁止の語尾表現 ②

写真を撮ってはいけません。

사진을 찍으면 안 돼요.

サジヌㇽ　ッチグミョン　アンドゥエヨ

046

「〜てはいけません」のような禁止の表現は形容詞・動詞の語幹が ㄹ かパッチムがなければ **면 안 돼요.**（ミョン アンドゥエヨ）、それ以外では **으면 안 돼요**（ウミョン アンドゥエヨ）をつなげます。

写真を**撮ってはいけません。**

사진을 **찍으면 안 돼요.**　찍다［撮る］

サジヌㇽ　ッチグミョン　アンドゥエヨ

室内で**騒いではいけません。**

실내에서 **떠들면 안 돼요.**　떠들다［騒ぐ］

シㇽレエソ　ットドゥㇽミョン　アンドゥエヨ

値段が**高くてはいけません。**

가격이 **비싸면 안 돼요.**　비싸다［高い］

カギョギ　ピッサミョン　アンドゥエヨ

後でもう一度**来てはいけませんか？**

이따가 다시 **오면 안 돼요?**　오다［来る］

イッタガ　タシ　オミョン　アンドゥエヨ

つなげてみましょう

①

する → **してはいけません。**

하다 → 하면 안 돼요.

ハダ　ハミョン　アンドゥエヨ

②

遅れる → **遅れてはいけません。**

늦다 → 늦으면 안 돼요.

ヌッタ　ヌジュミョン　アンドゥエヨ

③

たくさん飲む → たくさん**飲んではいけません。**

많이 마시다 → 많이 마시면 안 돼요.

マニ　マシダ　マニ　マシミョン　アンドゥエヨ

④

窓を開ける → 窓を**開けてはいけません。**

창문을 열다 → 창문을 열면 안 돼요.

チャンムヌル　ヨルダ　チャンムヌル　ヨルミョン　アンドゥエヨ

練習してみましょう

薄い字をなぞってから文法を活用して文をつくってみましょう。

① 一人で行く

혼자서 가다
ホンジャソ　カダ

一人で**行ってはいけません。**

➡ 혼자서 가면 안 돼요.
ホンジャソ　カミョン　アンドゥエヨ

➡ ______________________________

② ゴミを捨てる

쓰레기를 버리다
ッスレギルル　ポリダ

ゴミを**捨ててはいけません。**

➡ 쓰레기를 버리면 안 돼요.
ッスレギルル　ポリミョン　アンドゥエヨ

➡ ______________________________

③ まだ食べる

아직 먹다
アジク　モクタ

まだ**食べてはいけません。**

➡ 아직 먹으면 안 돼요.
アジク　モグミョン　アンドゥエヨ

➡ ______________________________

④ 今見る

지금 보다
チグム　ポダ

今見てはいけません。

➡ 지금 보면 안 돼요.
チグム　ポミョン　アンドゥエヨ

➡ ____________________

⑤ タバコを吸う

담배를 피우다
タムベルル　ピウダ

タバコを吸ってはいけません。

➡ 담배를 피우면 안 돼요.
タムベルル　ピウミョン　アンドゥエヨ

➡ ____________________

⑥ ここに車をとめる

여기에 차를 세우다
ヨギエ　チャルル　セウダ

ここに車をとめてはいけません。

➡ 여기에 차를 세우면 안 돼요.
ヨギエ　チャルル　セウミョン　アンドゥエヨ

➡ ____________________

聞いて答えて

①

A: 一人で行ってもいいですか？

혼자서 가도 돼요?
ホンジャソ カド トゥエヨ

B: いいえ、一人で**行ってはいけません**。

아뇨, 혼자서 **가면 안 돼요**.
アニョ ホンジャソ カミョン アンドゥエヨ

②

A: ゴミを捨ててもいいですか？

쓰레기를 버려도 돼요?
ッスレギルル ポリョド トゥエヨ

B: いいえ、ゴミを**捨ててはいけません**。

아뇨, 쓰레기를 **버리면 안 돼요**.
アニョ ッスレギルル ポリミョン アンドゥエヨ

③

A: 食べてもいいですか？

먹어도 돼요?
モゴド トゥエヨ

B: まだ**食べてはいけません**。

아직 **먹으면 안 돼요**.
アジク モグミョン アンドゥエヨ

④ A: 今見てはいけませんか？

지금 보면 안 돼요?

チグム ポミョン アンドゥエヨ

B: はい、今**見てはいけません**。

네, 지금 **보면 안 돼요**.

ネ チグム ポミョン アンドゥエヨ

⑤ A: タバコを吸ってはいけませんか？

담배를 피우면 안 돼요?

タムベルル ピウミョン アンドゥエヨ

B: はい、タバコを**吸ってはいけません**。

네, 담배를 **피우면 안 돼요**.

ネ タムベルル ピウミョン アンドゥエヨ

⑥ A: ここに車を**とめてはいけません**。

여기에 차를 **세우면 안 돼요**.

ヨギエ チャルル セウミョン アンドゥエヨ

B: はい、わかりました。

네, 알겠어요.

ネ アルゲッソヨ

東大門に行こうと思います。

동대문에 가려고 해요.

トンデムネ　カリョゴ　ヘヨ

意志や予定を表す表現は動詞の語幹が **ㄹ** かパッチムがなければ **려고**（リョゴ）、それ以外では **으려고**（ウリョゴ）をつなげます。

東大門に**行こうと思います。**

동대문에 **가려고 해요.**　가다［行く］

トンデムネ　カリョゴ　ヘヨ

ハンボク（韓服）を**着ようと思います。**

한복을 **입으려고 해요.**　입다［着る］

ハンボグル　イブリョゴ　ヘヨ

窓を**開けようと思います。**

창문을 **열려고 해요.**　열다［開ける］

チャンムヌル　ヨルリョゴ　ヘヨ

つなげてみましょう

①

買う　　　　　**買おうと思います。**

사다 → **[사려고 해요]**.
サダ　　サリョゴ　ヘヨ

②

写真を撮る　　　　　写真を**撮ろうと思います。**

사진을 찍다 → 사진을 **[찍으려고 해요]**.
サジヌル　ッチㇰタ　　サジヌル　ッチグリョゴ　ヘヨ

③

KTX に乗る　　　　　KTX に**乗ろうと思います。**

KTX를 타다 → KTX를 **[타려고 해요]**.
ケィティエックスルㇽ　タダ　　ケィティエックスルㇽ　タリョゴ　ヘヨ

④

お昼を食べる　　　　　お昼を**食べようと思います。**

점심을 먹다 → 점심을 **[먹으려고 해요]**.
チョㇺシムㇽ　モㇰタ　　チョㇺシムㇽ　モグリョゴ　ヘヨ

練習してみましょう

薄い字をなぞってから文法を活用して文をつくってみましょう。

① 部屋で休む

방에서 쉬다
パンエソ　シュィダ

部屋で**休もうと思います。**

➡ 방에서 쉬려고 해요.
パンエソ　シュィリョゴ　ヘヨ

➡ ＿＿＿＿＿＿＿＿＿＿

② 友達と映画を見る

친구하고 영화를 보다
チングハゴ　ヨンファルル　ポダ

友達と映画を**見ようと思います。**

➡ 친구하고 영화를 보려고 해요.
チングハゴ　ヨンファルル　ポリョゴ　ヘヨ

➡ ＿＿＿＿＿＿＿＿＿＿

③ 韓国のお金に換える

한국 돈으로 바꾸다
ハングクトヌロ　パックダ

韓国のお金に**換えようと思います。**

➡ 한국 돈으로 바꾸려고 해요.
ハングクトヌロ　パックリョゴ　ヘヨ

➡ ＿＿＿＿＿＿＿＿＿＿

④ 文法の本を買う

문법 책을 사다
ムンポプ　チェグル　サダ

文法の本を**買おうと思います。**

➡ 문법 책을 사려고 해요.
ムンポプ　チェグル　サリョゴ　ヘヨ

➡ ______________________________

⑤ 11時まで勉強する

11(열한)시까지 공부하다
ヨランシッカジ　コンブハダ

11時まで**勉強しようと思います。**

➡ 11시까지 공부하려고 해요.
ヨランシッカジ　コンブハリョゴ　ヘヨ

➡ ______________________________

⑥ キョデ（教大）駅で降りる

교대역에서 내리다
キョデヨゲソ　ネリダ

キョデ（教大）駅で**降りようと思います。**

➡ 교대역에서 내리려고 해요.
キョデヨゲソ　ネリリョゴヘヨ

➡ ______________________________

聞いて答えて

① A: 夜には何をするつもりですか？

밤에는 뭘 할 거예요?

パメヌン　ムォル　ハルコエヨ

B: 部屋で**休もうと思います**。

방에서 **쉬려고 해요**.

パンエソ　シュィリョゴ　ヘヨ

② A: 日曜日に何をするつもりですか？

일요일에 뭘 할 거예요?

イリョイレ　ムォル　ハルコエヨ

B: 友達と映画を**見ようと思います**。

친구하고 영화를 **보려고 해요**.

チングハゴ　ヨンファルル　ポリョゴ　ヘヨ

③ A: 銀行に行きますか？

은행에 가요?

ウネンエ　カヨ

B: はい、韓国のお金に**換えようと思います**。

네, 한국 돈으로 **바꾸려고 해요**.

ネ　ハングクトヌロ　パックリョゴ　ヘヨ

④ A: 本屋に行きますか？

서점에 가요?

ソジョメ　カヨ

B: はい、文法の本を**買おうと思います**。

네, 문법 책을 **사려고 해요**.

ネ　ムンポプ　チェグル　サリョゴ　ヘヨ

⑤ A: 何時まで勉強しようとしていますか？

몇 시까지 공부하려고 해요?

ミョッシッカジ　コンブハリョゴ　ヘヨ

B: 11時まで**勉強しようと思います**。

11(열한)시까지 **공부하려고 해요**.

ヨランシッカジ　コンブハリョゴ　ヘヨ

⑥ A: どこで降りるつもりですか？

어디서 내릴 거예요?

オディソ　ネリルコエヨ

B: キョデ駅で**降りようと思います**。

교대역에서 **내리려고 해요**.

キョデヨゲソ　ネリリョゴ　ヘヨ

9 経験を表す語尾表現

スウォン（水原）に行ったことがあります。

수원에 간 적이 있어요.

スウォネ　カンチョギ　イッソヨ

「～したことがあります（ありません）」のように経験について話すときは動詞の語幹が ㄹ かパッチムがなければ ㄴ **적이 있어요**（ンチョギ イッソヨ）、それ以外では **은 적이 있어요**（ウンチョギ イッソヨ）をつなげます。経験がないときは **있어요**（イッソヨ）の代わりに **없어요**（オプソヨ）をつなげます。

スウォンに行ったことがあります。

수원에 간 적이 있어요.　가다［行く］

スウォネ　カンチョギ　イッソヨ

サムゲタンを食べたことがありません。

삼계탕을 먹은 적이 없어요.　먹다［食べる］

サムゲタンウル　モグンチョギ　オプソヨ

ナムルをつくったことがあります。

나물을 만든 적이 있어요.　만들다［作る］（ㄹ脱落）

ナムルル　マンドゥンチョギ　イッソヨ

つなげてみましょう

①

読む

読んだことがあります。

읽다 ➔ 읽은 적이 있어요.

イクタ　　イルグンチョギ　イッソヨ

②

ここに来る

ここに**来たことがありません。**

여기에 오다 ➔ 여기에 온 적이 없어요.

ヨギエ　オダ　　ヨギエ　オンチョギ　オプソヨ

③

一度会う

一度**会ったことがあります。**

한 번 만나다 ➔ 한 번 만난 적이 있어요.

ハンボン　マンナダ　　ハンボン　マンナンチョギ　イッソヨ

④

前に話（を）する

前に**話したことがありますか？**

전에 이야기하다 ➔ 전에 이야기한 적이 있어요?

チョネ　イヤギハダ　　チョネ　イヤギハンチョギ　イッソヨ

練習してみましょう

薄い字をなぞってから文法を活用して文をつくってみましょう。

① ハンボクを着る

한복을 입다
ハンボグル　イプタ

ハンボク（韓服）を着たことがあります。

➡ 한복을 입은 적이 있어요.
ハンボグル　イブンチョギ　イッソヨ

➡ ______________________________

② マッコリを飲む

막걸리를 마시다
マッコルリルル　マシダ

マッコリを飲んだことがありますか？

➡ 막걸리를 마신 적이 있어요?
マッコルリルル　マシンチョギ　イッソヨ

➡ ______________________________

③ セマウル号に乗る

새마을호를 타다
セマウロルル　タダ

セマウル号に乗ったことがありません。

➡ 새마을호를 탄 적이 없어요.
セマウロルル　タンチョギ　オプソヨ

➡ ______________________________

④ インサドンに行ってみる

인사동에 가 보다
インサドンエ　カボダ

インサドン（仁寺洞）に行ってみたことがありませんか？

➡ 인사동에 가 본 적이 없어요?
インサドンエ　カボンチョギ　オプソヨ

➡ ________________________________

⑤ サムルノリを見る

사물놀이를 보다
サムルロリルル　ボダ

サムルノリを見たことがありますか？

➡ 사물놀이를 본 적이 있어요?
サムルロリルル　ボンチョギ　イッソヨ

➡ ________________________________

⑥ キムチを漬けてみる

김치를 담가 보다
キムチルル　タムガボダ

キムチを漬けてみたことがありますか？

➡ 김치를 담가 본 적이 있어요?
キムチルル　タムガボンチョギ　イッソヨ

➡ ________________________________

聞いて答えて

① A: ハンボク（韓服）を着たことがありますか？

한복을 입은 적이 있어요?
ハンボグル　イブンチョギ　イッソヨ

B: はい、ハンボク（韓服）を**着たことがあります**。

네, 한복을 **입은 적이 있어요**.
ネ　ハンボグル　イブンチョギ　イッソヨ

② A: マッコリを**飲んだことがありますか？**

막걸리를 **마신 적이 있어요?**
マッコルリルル　マシンチョギ　イッソヨ

B: はい、マッコリを飲んだことがあります。

네, 막걸리를 마신 적이 있어요.
ネ　マッコルリルル　マシンチョギ　イッソヨ

③ A: セマウル号に乗ったことがありますか？

새마을호를 탄 적이 있어요?
セマウロルル　タンチョギ　イッソヨ

B: いいえ、セマウル号に**乗ったことがありません**。

아뇨, 새마을호를 **탄 적이 없어요**.
アニョ　セマウロルル　タンチョギ　オプソヨ

④ A: インサドン（仁寺洞）に**行ってみたことがありませんか？**

인사동에 가 본 적이 없어요?
インサドンエ　カボンチョギ　オプソヨ

B: はい、インサドンに行ってみたことがありません。

네, 인사동에 가 본 적이 없어요.
ネ　インサドンエ　カボンチョギ　オプソヨ

⑤ A: サムルノリを**見たことがありますか？**

사물놀이를 본 적이 있어요?
サムルロリルル　ポンチョギ　イッソヨ

B: いいえ、サムルノリを見たことがありません。

아뇨, 사물놀이를 본 적이 없어요.
アニョ　サムルロリルル　ポンチョギ　オプソヨ

⑥ A: キムチを**漬けてみたことがありますか？**

김치를 담가 본 적이 있어요?
キムチルル　タムガボンチョギ　イッソヨ

B: いいえ、一度もありません。

아뇨, 한 번도 없어요.
アニョ　ハンボンド　オプソヨ

私がおごります。

제가 살게요.

チェガ　サルケヨ

「〜しますね」「〜しますよ」といった相手に自分の意志を伝える表現で、**겠**(ケッ) よりも口語的で話者に対して配慮を含んだ表現です。主語は一人称のみに使われ、疑問形はありません。動詞の語幹が **ㄹ** かパッチムがなければ **ㄹ게요**(ルケヨ)、それ以外では **을게요**(ウルケヨ) をつなげます。

私が**おごりますよ**。

제가 **살게요**.　사다 [買う、おごる]

チェガ　サルケヨ

少し後で**電話しますね**。

이따가 **전화할게요**.　전화하다 [電話する]

イッタガ　チョヌヮハルケヨ

語幹のパッチムに **ㄹ** がある時は **ㄹ** が一つになります。

만들다 ＋ ㄹ게요 → 만들게요

私が夕飯を**つくります**。

제가 저녁을 **만들게요**.　만들다 [つくる]

チェガ　チョニョグル　マンドゥルケヨ

つなげてみましょう

①

運転する　　**運転します。**

운전하다 ➔ 운전할게요.

ウンジョナダ　　ウンジョナルケヨ

②

調べる　　**調べます。**

알아보다 ➔ 알아볼게요.

アラボダ　　アラボルケヨ

③

私がやる　　**私がやります。**

제가 하다 ➔ 제가 할게요.

チェガ　ハダ　　チェガ　ハルケヨ

④

また来る　　**また来ます。**

다시 오다 ➔ 다시 올게요.

タシ　オダ　　タシ　オルケヨ

練習してみましょう

薄い字をなぞってから文法を活用して文をつくってみましょう。

① 待つ

기다리다
キダリダ

待ちますよ。

➡ 기다릴게요.
キダリルケヨ

➡ ＿＿＿＿＿＿＿＿＿＿＿＿＿＿＿＿

② 3時までに行く

3(세)시까지 가다
セシッカジ　カダ

3時までに**行きますね。**

➡ 3시까지 갈게요.
セシッカジ　カルケヨ

➡ ＿＿＿＿＿＿＿＿＿＿＿＿＿＿＿＿

③ 私がお手伝いする

제가 도와 드리다
チェガ　トワドゥリダ

私が**お手伝いしますよ。**

➡ 제가 도와 드릴게요.
チェガ　トワドゥリルケヨ

➡ ＿＿＿＿＿＿＿＿＿＿＿＿＿＿＿＿

④ 私がつくる

제가 만들다
チェガ　マンドゥルダ

私がつくりますよ。

➡ 제가 만들게요.
チェガ　マンドゥルケヨ

➡ ＿＿＿＿＿＿＿＿＿＿＿＿＿＿＿＿＿＿＿＿

⑤ 必ず連絡する

꼭 연락하다
ッコク　ヨルラッカダ

必ず連絡しますね。

➡ 꼭 연락할게요.
ッコク　ヨルラッカルケヨ

➡ ＿＿＿＿＿＿＿＿＿＿＿＿＿＿＿＿＿＿＿＿

⑥ 今お持ちする

지금 갖다 드리다
チグム　カッタドゥリダ

只今お持ちします。

➡ 지금 갖다 드릴게요.
チグム　カッタドゥリルケヨ

➡ ＿＿＿＿＿＿＿＿＿＿＿＿＿＿＿＿＿＿＿＿

聞いて答えて

① A: ごめんなさい、少し遅れます。

미안해요. 조금 늦어요.
ミアネヨ　チョグム　ヌジョヨ

B: **待ちますよ。**

기다릴게요.
キダリルケヨ

② A: 明日午後に来てください。

내일 오후에 오세요.
ネイル　オフエ　オセヨ

B: 1時までに**行きますね。**

1(한)시까지 **갈게요.**
ハンシッカジ　カルケヨ

③ A: 宿題があまりにも多いです。

숙제가 너무 많아요.
スクチェガ　ノム　マナヨ

B: 私が**お手伝いしますよ。**

제가 **도와 드릴게요.**
チェガ　トワドゥリルケヨ

④ A: ジャージャー麺が食べたいです。

자장면을 먹고 싶어요.
チャジャンミョンウル　モッコシッポヨ

B: 私が**つくりますよ**。

제가 **만들게요**.
チェガ　マンドゥルケヨ

⑤ A: 必ず連絡くださいね。

꼭 연락 주세요.
ッコク　ヨルラク　チュセヨ

B: 必ず**連絡しますね**。

꼭 **연락할게요**.
ッコク　ヨルラッカルケヨ

⑥ A: キムチをもう少し下さい。

김치를 좀 더 주세요.
キムチルル　チョムド　チュセヨ

B: はい、只今**お持ちします**。

네, 지금 **갖다 드릴게요**.
ネ　チグム　カッタドゥリルケヨ

ゆっくり言ってください。

천천히 말해 주세요.

チョンチョニ　マレジュセヨ

「～てください」という表現は動詞語幹が **하** の時は **해 주세요**（ヘジュセヨ）、**ㅏ** または **ㅗ** の時は **아 주세요**（アジュセヨ）、それ以外では **어 주세요**（オジュセヨ）をつなげます。

ゆっくり**言ってください**。

천천히 **말해 주세요**.　　말하다 [言う]

チョンチョニ　マレジュセヨ

お店へ**来てください**。

가게로 **와 주세요**.　　오다 [来る]

カゲロ　ワジュセヨ

EMS で**送ってください**。

EMS로 **보내 주세요**.　　보내다 [送る]

イエムエスロ　ポネジュセヨ

つなげてみましょう

①

包装する
포장하다
ポジャンハダ

包装してください。
→ 포장해 주세요.
ポジャンヘジュセヨ

②

探す
찾다
チャッタ

探してください。
→ 찾아 주세요.
チャジャジュセヨ

③

袋に入れる
봉투에 넣다
ポントゥエ ノッタ

袋に**入れてください。**
→ 봉투에 넣어 주세요.
ポントゥエ ノオジュセヨ

④

韓国語を教える
한국말을 가르치다
ハングンマルル カルチダ

韓国語を**教えてください。**
→ 한국말을 가르쳐 주세요.
ハングンマルル カルチョジュセヨ

練習してみましょう

薄い字をなぞってから文法を活用して文をつくってみましょう。

① ボールペンを貸す

볼펜을 빌리다
ボルペヌル　ビルリダ

ボールペンを貸してください。

➡ 볼펜을 빌려 주세요.
ボルペヌル　ビルリョジュセヨ

➡ ______

② アックジョン（狎鴎亭）に行く

압구정으로 가다
アックジョンウロ　カダ

（タクシーに乗る時など）アックジョン（狎鴎亭）に行ってください。

➡ 압구정으로 가 주세요.
アックジョンウロ　カジュセヨ

➡ ______

③ 切符を見せる

표를 보이다
ピョルル　ポイダ

切符を見せてください。

➡ 표를 보여 주세요.
ピョルル　ポヨジュセヨ

➡ ______

④ 市内を案内する

시내를 안내하다
シネルル　アンネハダ

市内を**案内してください。**

➡ 시내를 안내해 주세요.
シネルル　アンネヘジュセヨ

➡ ____________________

⑤ 明日電話する

내일 전화하다
ネイル　チョヌヮハダ

明日**電話してください。**

➡ 내일 전화해 주세요.
ネイル　チョヌヮヘジュセヨ

➡ ____________________

⑥ 連絡先をメモする

연락처를 적다
ヨルラクチョルル　チョクタ

連絡先を**メモしてください。**

➡ 연락처를 적어 주세요.
ヨルラクチョルル　チョゴジュセヨ

➡ ____________________

聞いて答えて

① A: ボールペンを**貸してください。**

볼펜을 **빌려 주세요.**

ボルペヌル　ピルリョジュセヨ

B: はい、どうぞ。

네, 여기 있어요.

ネ　ヨギイッソヨ

② A: アックジョン（狎鴎亭）に**行ってください。**

압구정에 **가 주세요.**

アプクジョンエ　カジュセヨ

B: はい、かしこまりました。

네, 알겠습니다.

ネ　アルゲッスムニダ

알겠습니다：**알겠어요.** よりもかしこまった言い方です。

③ A: 切符を**見せてください。**

표를 **보여 주세요.**

ピョルル　ポヨジュセヨ

B: はい、どうぞ。

네, 여기 있어요.

ネ　ヨギイッソヨ

④ A: 市内を**案内してください。**

시내를 **안내해 주세요.**

シネルル　アンネヘジュセヨ

B: いいですよ。

네, 좋아요.

ネ　チョアヨ

⑤ A: 明日**電話してください。**

내일 **전화해 주세요.**

ネイル　チョヌヮヘジュセヨ

B: はい、わかりました。

네, 알겠어요.

ネ　アルゲッソヨ

⑥ A: 連絡先を**メモしてください。**

연락처를 **적어 주세요.**

ヨルラッチョルル　チョゴジュセヨ

B: はい、わかりました。

네. 알겠어요.

ネ　アルゲッソヨ

12 義務の語尾表現

パスポートがなければいけません。

여권이 있어야 돼요.

ヨックォニ　イッソヤドゥエヨ

義務を表す表現は動詞語幹が **하** は **해야 돼요**（ヘヤドゥエヨ）、母音が **ㅏ/ㅗ** の時は **아야 돼요**（アヤドゥエヨ）、それ以外の母音は **어야 돼요**（オヤドゥエヨ）をつなげます。

パスポートが**なければいけません。**

여권이 **있어야 돼요.**　있다［ある］

ヨックォニ　イッソヤドゥエヨ

スカートを**履かなければいけません。**

치마를 **입어야 돼요.**　입다［着る］

チマルル　イボヤドゥエヨ

語尾をあげて質問の形にすることもできます。

電話で**予約しなければいけませんか？**

전화로 **예약해야 돼요?**　예약하다［予約する］

チョヌヮロ　イェヤッケヤドゥエヨ

つなげてみましょう

① **行かなければいけません。**

行く

가다 ➡ 가야 돼요.

カダ　カヤドゥエヨ

② 先に切符を**買わなければいけません。**

先に切符を買う

먼저 표를 사다 ➡ 먼저 표를 사야 돼요.

モンジョ　ピョルル　サダ　モンジョ　ピョルル　サヤドゥエヨ

③ すぐに**連絡しなければいけません。**

すぐに連絡する

바로 연락하다 ➡ 바로 연락해야 돼요.

パロ　ヨルラッカダ　パロ　ヨルラッケヤドゥエヨ

④ ここで**待たなければいけません。**

ここで待つ

여기서 기다리다 ➡ 여기서 기다려야 돼요.

ヨギソ　キダリダ　ヨギソ　キダリョヤドゥエヨ

練習してみましょう

薄い字をなぞってから文法を活用して文をつくってみましょう。

① この薬は食後に飲む

이 약은 식후에 먹다
イヤグン　シックエ　モㇰタ

この薬は食後に**飲まなければいけません。**

➡ 이 약은 식후에 먹어야 돼요.
イヤグン　シックエ　モゴヤドゥエヨ

➡ ______________________________

② 1号線に乗る

1(일)호선을 타다
イロンヌル　タダ

1号線に**乗らなければいけません。**

➡ 1호선을 타야 돼요.
イロンヌル　タヤドゥエヨ

➡ ______________________________

③ 銀行に行く

은행에 가다
ウネンエ　カダ

銀行に**行かなければいけません。**

➡ 은행에 가야 돼요.
ウネンエ　カヤドゥエヨ

➡ ______________________________

④ いつまでに出す

언제까지 내다
オンジェッカジ　ネダ

いつまでに**出さなければいけませんか？**

➡ 언제까지 내야 돼요?
オンジェッカジ　ネヤドゥエヨ

➡ ＿＿＿＿＿＿＿＿＿＿＿＿＿＿＿＿＿＿

⑤ 身分証明書を持って行く

신분증을 가지고 가다
シンブンチュンウル　カジゴ　カダ

身分証明書を持って**行かなければいけません。**

➡ 신분증을 가지고 가야 돼요.
シンブンチュンウル　カジゴ　カヤドゥエヨ

➡ ＿＿＿＿＿＿＿＿＿＿＿＿＿＿＿＿＿＿

⑥ また来る

다시 오다
タシ　オダ

また**来なければいけませんか？**

➡ 다시 와야 돼요?
タシ　ワヤドゥエヨ

➡ ＿＿＿＿＿＿＿＿＿＿＿＿＿＿＿＿＿＿

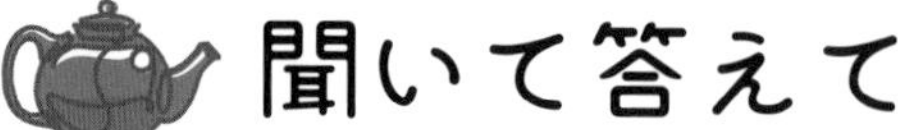

聞いて答えて

① A: この薬はいつ飲まなければいけませんか？

이 약은 언제 먹어야 돼요?
イヤグン　オンジェ　モゴヤドゥエヨ

B: この薬は食後に**飲まなければいけません**。

이 약은 식후에 **먹어야 돼요**.
イヤグン　シックエ　モゴヤドゥエヨ

② A: 何号線に乗らなければいけませんか？

몇 호선을 타야 돼요?
ミョトソンヌル　タヤドゥエヨ

B: 1 号線に**乗らなければいけません**。

1(일)호선을 **타야 돼요**.
イロソンヌル　タヤドゥエヨ

③ A: 午後時間がありますか？

오후에 시간이 있어요?
オフエ　シガニ　イッソヨ

B: いいえ、銀行に**行かなければいけません**。

아뇨, 은행에 **가야 돼요**.
アニョ　ウネンエ　カヤドゥエヨ

④ A: いつまでに**出さなければいけませんか？**

언제까지 **내야 돼요?**

オンジェッカジ　ネヤドゥエヨ

B: 火曜日までに出してください。

화요일까지 내세요.

ファヨイルカジ　ネセヨ

⑤ A: 何を持って行かなければいけませんか？

뭘 가지고 가야 돼요?

ムォル　カジゴ　カヤドゥエヨ

B: 身分証明書を持って**行かなければいけません。**

신분증을 가지고 **가야 돼요.**

シンブンチュンウル　カジゴ　カヤドゥエヨ

⑥ A: また**来なければいけませんか？**

다시 **와야 돼요?**

タシ　ワヤドゥエヨ

B: はい、また来なければいけません。

네, 다시 와야 돼요.

ネ　タシ　ワヤドゥエヨ

語尾表現　復習問題 2

ミンジュさんとはるかさんは次の日の予定について話しています。
読んで内容をつかんでみましょう。

070

민　주: 내일 우리 어디로 갈까요?
ネイル　ウリ　オディロ　カルカヨ

제가 안내해 줄게요.
チェガ　アンネヘ　ジュルケヨ

하루카: 와, 고마워요. 저 북촌에 간 적이 없어서 북촌에
ワ　コマウォヨ　チョ　プクチョネ　カンチョギ　オプソソ　プクチョネ

가고 싶어요. 그리고 은행에 가야 돼요.
カゴシッポヨ　クリゴ　ウネンエ　カヤドゥエヨ

한국 돈이 없어요.
ハングクトニ　オプソヨ

민　주: 그럼 북촌에 가기 전에 은행 갑시다.
クロム　プクチョネ　カギジョネ　ウネン　カプシダ

여권을 가지고 가야 돼요.
ヨックォヌル　カジゴ　カヤドゥエヨ

하루카: 여권이 없으면 안 돼요?
ヨックォニ　オプスミョン　アンドゥエヨ

여권은 프런트에 맡겼어요.
ヨックォヌン　プロントゥエ　マッキョッソヨ

민　주: 네, 여권은 꼭 필요해요. 얼마나 바꿀 거예요?
ネ　ヨックォヌン　ッコッ　ピリョヘヨ　オルマナ　パックルコエヨ

하루카: 2(이)만엔이에요.
イマネニェヨ

나머지는 신용카드를 쓰려고 해요.
ナモジヌン　シニョンカドゥルル　ッスリョゴヘヨ

북촌 北村　**그리고** それから　**맡기다** 預ける　**얼마나** どのくらい　**나머지** 残り
–기 전에 ～する前に（126 ページ参照）　**–아/어/해서** ～なので（182 ページ参照）

質問

① 내일 하루카 씨는 어디에 갈 거예요?
明日はるかさんはどこを見物するつもりですか？

➡ ______________________________

② 하루카 씨는 거기에 가기 전에 어디에 가야 돼요?
はるかさんそこに行く前にどこに行かなければならないですか？

➡ ______________________________

③ 은행에서는 뭐가 필요해요?
銀行では何が必要ですか？

➡ ______________________________

④ 하루카 씨는 은행에서 얼마나 바꿀 거예요?
はるかさんは銀行でどのくらい両替するつもりですか？

➡ ______________________________

訳文

ミンジュ：明日私たちどこに行きましょうか？ 私が案内してあげます。
ハルカ：わー、ありがとうございます。私、北村に行った事がないので北村に行きたいです。それから銀行に行かなければいけません。
韓国のお金がありません。
ミンジュ：それでは北村に行く前に銀行行きましょう。
パスポートをもっていかないといけないですよ。
ハルカ：パスポートがないとだめですか？ パスポートはフロントに預けました。
ミンジュ：ええ、パスポートは必ず必要です。いくら換えますか？
ハルカ：2万円です。あとはクレジットカードを使おうと思います。

質問の答え

① **북촌에 갈 거예요.** 北村に行くつもりです。
② **은행에 가야 돼요.** 銀行に行かなければなりません。
③ **여권이 필요해요.** パスポートが必要です。
④ **2만엔 바꿀 거예요.** 2万円換えるつもりです。

語尾表現　復習問題 3

[　　] の適切な表現を使って例文を完成させましょう。　071

1. 週末には**雨が降るでしょう。**

週末には雨が降る　[−겠어요]

주말에는 비가 **오다**
チュマレヌン　ピガ　オダ

➡ ______

2. そんなに**高くありません。**

そんなに高くない　[−지 않아요]

그렇게 **비싸지 않다**
クロッケ　ピッサジ　アンタ

➡ ______

3. ミョンドンでお昼を**食べています。**

ミョンドンでお昼を食べる　[−고 있어요]

명동에서 점심을 **먹다**
ミョンドンエソ　チョムシムルル　モクタ

➡ ______

4. 約束の時間に**遅れないでください。**

約束の時間に遅れる　[−지 마세요]

약속 시간에 **늦다**

ヤクソクシガネ　ヌッタ

➡ ＿＿＿＿＿＿＿＿＿＿

5. 部屋を**掃除しましょう。**

部屋を掃除する　[−읍/ㅂ시다]

방을 **청소하다**

パンウル　チョンソハダ

➡ ＿＿＿＿＿＿＿＿＿＿

6. どこを**見物しましょうか？**

どこを見物する　[−을/ㄹ까요?]

어디를 **구경하다**

オディルル　クギョンハダ

➡ ＿＿＿＿＿＿＿＿＿＿

7. そこに**入ってはいけません**。

そこに入る　[–으면/면 안 돼요]

거기에 **들어가다**

コギエ　トゥロガダ

➡ ______________________________

8. 明日プデチゲを**食べようと思います**。

夕方プデチゲを食べる　[–으려고/려고 해요]

내일 부대찌개를 **먹다**

ネイル　プデッチゲルル　モクタ

➡ ______________________________

9. キョンジュ（慶州）に**行った事がありません**。

キョンジュに行く　[–은/ㄴ 적이 없어요]

경주에 **가다**

キョンジュエ　カダ

➡ ______________________________

10. もう一度**言いますね。**

もう一度言う　[–을/ㄹ 게요]

다시 한 번 **말하다**
タシハンボン　マラダ

➡ ______

11. パスポートを**見せてください。**

パスポート[1]を見せる　[–아/어/해 주세요]

여권을 **보이다**
ヨックォヌル　ポイダ

➡ ______

12. バスで**行かなければいけません。**

バスで行く　[–아/어/해야 돼요]

버스로 **가다**
ポスロ　カダ

➡ ______

[1] 外来語の **패스포트** もよく使われます
ペスポトゥ

語尾表現　復習問題３　解答

1. 주말에는 비가 오겠어요.
チュマレヌン　ピガ　オゲッソヨ

2. 그렇게 비싸지 않아요.
クロッケ　ピッサジ　アナヨ

3. 명동에서 점심을 먹고 있어요.
ミョンドンエソ　チョムシムル　モッコ　イッソヨ

4. 약속 시간에 늦지 마세요.
ヤクソクシガネ　ヌッチマセヨ

5. 방을 청소합시다.
パンウル　チョンソハプシダ

6. 어디를 구경할까요?
オディルル　クギョンハルカヨ

7. 거기에 들어가면 안 돼요.
コギエ　トゥロガミョン　アンドゥエヨ

8. 내일 부대찌개를 먹으려고 해요.
ネイル　プデッチゲルル　モグリョゴ　ヘヨ

9. 경주에 간 적이 없어요.
キョンジュエ　カンチョギ　オプソヨ

10. 다시 한 번 말할게요.
タシハンボン　マラルケヨ

11. 여권을 보여 주세요.
ヨックォヌル　ポヨジュセヨ

12. 버스로 가야 돼요.
ポスロ　カヤドゥエヨ

接続表現

接続表現をマスターして、
スムーズな韓国語を
使いこなしましょう！

1
並列・順序の接続表現

チゲが安くておいしいです。
찌개가 싸고 맛있어요.

ッチゲガ　ッサゴ　マシッソヨ

072

並列や順序の表現は動詞・形容詞に **고**(コ) をつなげます。

チゲが**安くて**おいしいです。

찌개가 **싸고** 맛있어요.　　싸다 [安い]

ッチゲガ　ッサゴ　マシッソヨ

ビールを**飲んで**焼酎も飲みます。

맥주를 **마시고** 소주도 마셔요.　　마시다 [飲む]

メクッチュルル　マシゴ　ソジュド　マショヨ

服も**売っていて**、化粧品も売っています。

옷도 **팔고** 화장품도 팔아요.　　팔다 [売る]

オットパルゴ　ファジャンプムド　パラヨ

名詞にはパッチムがあれば **이고**(イゴ)、なければ **고**(コ) をつなげます。

1階が**コンビニで**、2階がフロントです。

1(일)층이 **편의점이고** 2(이)층이 프런트예요.

イルチュンイ　ピョニジョミゴ　イチュンイ　プロントゥエヨ

편의점 [コンビニ]

つなげてみましょう

① 山が**高くて**美しいです。

山が高い 산이 높다 / 美しいです 아름워요
サニノㇷ゚タ　アルㇺダウォヨ

➡ 산이 **높고** 아름다워요.
サニノㇷ゚コ　アルㇺダウォヨ

② 天気が**良くて**暖かいです。

天気が良い 날씨가 좋다 / 暖かいです 따뜻해요
ナㇽシガ　チョッタ　ッタットゥッテヨ

➡ 날씨가 **좋고** 따뜻해요.
ナㇽシガ　チョッコ　ッタットゥッテヨ

③ **賢くて**性格も良いです。

賢い 똑똑하다 / 性格も良いです 성격도 좋아요
ットㇰトッカダ　ソンキョㇰト　チョアヨ

➡ **똑똑하고** 성격도 좋아요.
ットㇰトッカゴ　ソンキョㇰト　チョアヨ

④ ホテルの部屋が**広くて**きれい（清潔）です。

ホテルの部屋が広い 호텔 방이 넓다 / きれいです 깨끗해요
ホテㇽバンイ　ノㇽタ　ッケックッテヨ

➡ 호텔 방이 **넓고** 깨끗해요.
ホテㇽバンイ　ノㇽコ　ッケックッテヨ

基本文型のまとめ
語尾表現
接続表現1
単語帳

練習してみましょう

薄い字をなぞってから文法を活用して文をつくってみましょう。

① オンドルの部屋は安い　/　良いです

온돌 방은 싸다 / 좋아요
オンドルバンウン　ッサダ　チョアヨ

オンドルの部屋は**安くて**良いです。

➡ 온돌 방은 싸고 좋아요.
オンドルバンウン　ッサゴ　チョアヨ

➡ ______________________________

② 地下鉄がはやい　/　便利です

지하철이 빠르다 / 편리해요
チハチョリ　ッパルダ　ピョルリヘヨ

地下鉄が**はやくて**便利です。

➡ 지하철이 빠르고 편리해요.
チハチョリ　ッパルゴ　ピョルリヘヨ

➡ ______________________________

③ 頭が痛い　/　咳が出ます

머리가 아프다 / 기침이 나요
モリガ　アプダ　キチミ　ナヨ

頭が**痛くて**咳が出ます。

➡ 머리가 아프고 기침이 나요.
モリガ　アプゴ　キチミ　ナヨ

➡ ______________________________

④ 昨日は雨が降る　/　寒かったです

어제는 비가 오다 / 추웠어요
オジェヌン　ビガ　オダ　チュウォッソヨ

昨日は雨が**降って**寒かったです。

➡ 어제는 비가 오고 추웠어요.
オジェヌン　ビガ　オゴ　チュウォッソヨ

➡ ____________________

⑤ 今日は映画を見る　/　ショッピングもします

오늘은 영화를 보다 / 쇼핑도 해요
オヌルン　ヨンファルル　ボダ　ショッピンド　ヘヨ

今日は映画を**見て**ショッピングもします。

➡ 오늘은 영화를 보고 쇼핑도 해요.
オヌルン　ヨンファルル　ボゴ　ショッピンド　ヘヨ

➡ ____________________

⑥ 運動靴を履く　/　いくつもりです

운동화를 신다 / 갈 거예요
ウンドンファルル　シンタ　カルコエヨ

運動靴を**履いて**いくつもりです。

➡ 운동화를 신고 갈 거예요.
ウンドンファルル　シンコ　カルコエヨ

➡ ____________________

聞いて答えて

① A: オンドルの部屋はどうですか？

온돌 방은 어때요?
オンドルバンウン　オッテヨ

B: オンドルの部屋は**安くて**良いです。

온돌 방은 **싸고** 좋아요.
オンドルバンウン　ッサゴ　チョアヨ

② A: 何に乗って行くのがいいでしょうか？

뭘 타고 가는 게 좋을까요?
ムォル　タゴ　カヌンゲ　チョウルカヨ

B: 地下鉄が**はやくて**便利です。

지하철이 **빠르고** 편리해요.
チハチョリ　ッパルゴ　ピョルリヘヨ

③ A: （病院で）どうなさいましたか？

어디가 안 좋으세요?
オディガ　アンチョウセヨ

B: 頭が**痛くて**咳が出ます。

머리가 **아프고** 기침이 나요.
モリガ　アプゴ　キチミ　ナヨ

④ A: 昨日、天気はどうでしたか？

어제는 날씨가 어땠어요?
オジェヌン ナルシガ オッテッソヨ

B: 昨日は雨が**降って**寒かったです。

어제는 비가 **오고** 추웠어요.
オジェヌン ピガ オゴ チュウォッソヨ

⑤ A: 今日は何をしますか？

오늘은 뭘 해요?
オヌルン ムォル ヘヨ

B: 今日は映画を**見て**ショッピングもします。

오늘은 영화를 **보고** 쇼핑도 해요.
オヌルン ヨンファルル ポゴ ショッピンド ヘヨ

⑥ A: 何を履いていきますか？

무엇을 신고 갈 거예요?
ムオスル シンコ カルコエヨ

B: 運動靴を**履いて**いくつもりです。

운동화를 **신고** 갈 거예요.
ウンドンファルル シンコ カルコエヨ

2 逆接の接続表現

辛いですがおいしいです。

맵지만 맛있어요.

メプチマン　マシッソヨ

逆接の接続語尾は動詞・形容詞の語幹に関係なく **지만**（チマン）をつなげます。

安いですが買いません。

싸지만 안 사요.　싸다［安い］
ッサジマン　アンサヨ

辛いですがおいしいです。

맵지만 맛있어요.　맵다［辛い］
メプチマン　マシッソヨ

名詞にはパッチムがあれば **이지만**（イジマン）、なければ **지만**（チマン）をつなげます。

冬ですが暖かいです。

겨울이지만 따뜻해요.　겨울［冬］
キョウリジマン　ッタットゥテヨ

新しく買った**時計ですが**もう故障しました。

새로 산 **시계지만** 벌써 고장났어요.　시계［時計］
セロ　サン　シゲジマン　ポルソ　コジャンナッソヨ

つなげてみましょう

① **難しいですが**面白いです。

難しい 어렵다 / 面白いです 재미있어요
オリョプタ　チェミイッソヨ

→ **어렵지만** 재미있어요.
オリョプチマン　チェミイッソヨ

② **安いですが**いいです。

安い 싸다 / いいです 좋아요
ッサダ　チョアヨ

→ **싸지만** 좋아요.
ッサジマン　チョアヨ

③ 天気が**いいですが**寒いです。

天気がいいです 날씨가 좋다 / 寒いです 추워요
ナルシガ　チョッタ　チュウォヨ

→ 날씨가 **좋지만** 추워요.
ナルシガ　チョッチマン　チュウォヨ

④ **日本人ですが**英語が上手です。

日本人 일본 사람 / 英語が上手です 영어를 잘해요
イルボンサラム　ヨンオルル　チャレヨ

→ **일본 사람이지만** 영어를 잘해요.
イルボンサラミジマン　ヨンオルル　チャレヨ

練習してみましょう

薄い字をなぞってから文法を活用して文をつくってみましょう。

① ソウルに行く　/　キョンボックン（景福宮）には行きません

서울에 가다 / 경복궁에는 안 가요
ソウレ　カダ　キョンボックンエヌン　アンガヨ

ソウルに**行きますが**、キョンボックンには行きません。

➡ 서울에 가지만 경복궁에는 안 가요.
ソウレ　カジマン　キョンボックンエヌン　アンガヨ

➡ ____________________

② 韓国語は難しい　/　面白いです

한국말은 어렵다 / 재미있어요
ハングンマルン　オリョプタ　チェミイッソヨ

韓国語は**難しいですが**面白いです。

➡ 한국말은 어렵지만 재미있어요.
ハングンマルン　オリョプチマン　チェミイッソヨ

➡ ____________________

③ 友達は韓国人　/　日本語が上手です

친구는 한국 사람 / 일본말을 잘해요
チングヌン　ハングクサラム　イルボンマルル　チャレヨ

友達は**韓国人ですが**日本語が上手です。

➡ 친구는 한국 사람이지만 일본말을 잘해요.
チングヌン　ハングクサラミジマン　イルボンマルル　チャレヨ

➡ ____________________

④ ホテルの部屋は小さい　/　きれいです

호텔 방은 작다 / 깨끗해요
ホテルバンウン　チャㇰタ　ッケックッテヨ

ホテルの部屋は**小さいですが**きれい（清潔）です。

➡ 호텔 방은 작지만 깨끗해요.
ホテルバンウン　チャㇰチマン　ッケックッテヨ

➡ ____________________

過去形の場合は過去をあらわす **았/었/했** のあとに **지만** をつなげます。

⑤ 昨日は仕事した　/　今日はしません

어제는 일했다 / 오늘은 안 해요
オジェヌン　イレッタ　オヌルン　アネヨ

昨日は**仕事しましたが**今日はしません。

➡ 어제는 일했지만 오늘은 안 해요.
オジェヌン　イレッチマン　オヌルン　アネヨ

➡ ____________________

基本文型のまとめ　語尾表現　接続表現2　単語帳

聞いて答えて

① A: キョンボックンに行きますか？

경복궁에 가요?
キョンボックンエ カヨ

B: いいえ、ソウルに**行きますが**、キョンボックンには行きません。

아뇨, 서울에 **가지만** 경복궁에는 안 가요.
アニョ ソウレ カジマン キョンボックンエヌン アンガヨ

② A: 韓国語は難しいですか？

한국말은 어려워요?
ハングンマルン オリョウォヨ

B: 韓国語は**難しいですが**面白いです。

한국말은 **어렵지만** 재미있어요.
ハングンマルン オリョプチマン チェミイッソヨ

③ A: 友達は日本語を話しますか？

친구는 일본말을 해요?
チングヌン イルボンマルル ヘヨ

B: はい、友達は**韓国人ですが**日本語が上手です。

네, 친구는 **한국 사람이지만** 일본말을 잘해요.
ネ チングヌン ハングクサラミジマン イルボンマルル チャレヨ

하다 には「する」の他に「言う、話す」という意味もあります。

④ A: ホテルの部屋はどうですか？

호텔 방은 어때요?

ホテルパンウン　オッテヨ

B: ホテルの部屋は**小さいですが**きれい（清潔）です。

호텔 방은 **작지만** 깨끗해요.

ホテルパンウン　チャㇰチマン　ッケックッテヨ

⑤ A: 今日も仕事しますか？

오늘도 일해요?

オヌルド　イレヨ

B: いいえ、昨日は**仕事しましたが**今日はしません。

아뇨, 어제는 **일했지만** 오늘은 안 해요.

アニョ　オジェヌン　イレッチマン　オヌルン　アネヨ

一週間前に来ました。

일주일 전에 왔어요.

イルチュイルジョネ ワッソヨ

「～前に、～する前に」という順序を伝える表現です。名詞の後には **전에** をつなげます。
ジョネ

一週間前に来ました。

일주일 전에 왔어요.　일주일 [一週間]
イルチュイルジョネ ワッソヨ

動詞には語幹に **기 전에** をつなげます。
ギジョネ

ご飯を**食べる前に**薬を飲みます。

밥을 **먹기 전에** 약을 먹어요.　먹다 [食べる]
パブル モッキジョネ ヤグル モゴヨ

卒業する前に旅行に行きたいです。

졸업하기 전에 여행 가고 싶어요.　졸업하다 [卒業する]
チョロッパギジョネ ヨヘン カゴシッポヨ

つなげてみましょう

① **何日か前に**会いました。

何日 며칠 / 会いました 만났어요
ミョッチル マンナッソヨ

➡ **며칠 전에** 만났어요.
ミョッチルジョネ マンナッソヨ

② **冷める前に**召し上がってください。

冷める 식다 / 召しあがってください 드세요
シクタ トゥセヨ

➡ **식기 전에** 드세요.
シッキジョネ トゥセヨ

③ **帰国する前に**連絡ください。

帰国する 귀국하다 / 連絡ください 연락 주세요
クィグッカダ ヨルラクチュセヨ

➡ **귀국하기 전에** 연락 주세요.
クィグッカギジョネ ヨルラクチュセヨ

④ **出かける前に**掃除します。

出かける 나가다 / 掃除します 청소해요
ナガダ チョンソヘヨ

➡ **나가기 전에** 청소해요.
ナガギジョネ チョンソヘヨ

練習してみましょう

薄い字をなぞってから文法を活用して文をつくってみましょう。

① 2年　/　会いました

2(이)년 / 만났어요
イニョン　マンナッソヨ

2年前に会いました。

➡ 2년 전에 만났어요.
イニョンジョネ　マンナッソヨ

➡ ＿＿＿＿＿＿＿＿＿＿＿＿＿＿＿＿

② 寝る　/　シャワーをします

자다 / 샤워를 해요
チャダ　シャウォルル　ヘヨ

寝る前にシャワーをします。

➡ 자기 전에 샤워를 해요.
チャギジョネ　シャウォルル　ヘヨ

➡ ＿＿＿＿＿＿＿＿＿＿＿＿＿＿＿＿

③ 朝ご飯を食べる　/　化粧をします

아침을 먹다 / 화장해요
アチムル　モクタ　ファジャンヘヨ

朝ご飯を**食べる前に**化粧をします。

➡ 아침을 먹기 전에 화장해요.
アチムル　モッキジョネ　ファジャンヘヨ

➡ ＿＿＿＿＿＿＿＿＿＿＿＿＿＿＿＿

④ 出勤する　　　/　新聞を読みます

출근하다 / 신문을 읽어요
チュルグナダ　シンムヌル　イルゴヨ

出勤する前に新聞を読みます。

➡ 출근하기 전에 신문을 읽어요.
チュルグナギジョネ　シンムヌル　イルゴヨ

➡ ______________________

⑤ 結婚する　　　/　銀行で働いていました

결혼하다 / 은행에서 일했어요
キョロナダ　ウネンエソ　イレッソヨ

結婚する前に銀行で働いていました。

➡ 결혼하기 전에 은행에서 일했어요.
キョロナギジョネ　ウネンエソ　イレッソヨ

➡ ______________________

⑥ 来る　　/　電話ください

오다 / 전화 주세요
オダ　チョヌヮジュセヨ

来る前に電話ください。

➡ 오기 전에 전화 주세요.
オギジョネ　チョヌワジュセヨ

➡ ______________________

聞いて答えて

① A: いつ会いましたか？

언제 만났어요?
オンジェ　マンナッソヨ

B: **2年前に**会いました。

2년 전에 만났어요.
イニョンジョネ　マンナッソヨ

② A: 寝る前にシャワーをしますか？

자기 전에 샤와를 해요?
チャギジョネ　シャウォルル　ヘヨ

B: はい、**寝る前に**シャワーをします。

네, **자기 전에** 샤워를 해요.
ネ　チャギジョネ　シャウォルル　ヘヨ

③ A: いつ化粧しますか？

언제 화장해요?
オンジェ　ファジャンヘヨ

B: 朝ご飯を**食べる前に**化粧します。

아침을 **먹기 전에** 화장해요.
アチムル　モッキジョネ　ファジャンヘヨ

④ A: 出勤する前に何をしますか？

출근하기 전에 뭘 해요?

チュルグナギジョネ ムォル ヘヨ

B: **出勤する前に**新聞を読みます。

출근하기 전에 신문을 읽어요.

チュルグナギジョネ シンムヌル イルゴヨ

⑤ A: 結婚する前はどこで働いていたのですか？

결혼하기 전에 어디서 일했어요?

キョロナギジョネ オデソ イレッソヨ

B: **結婚する前は**銀行で働いていました。

결혼하기 전에 은행에서 일했어요.

キョロナギジョネ ウネンエソ イレッソヨ

⑥ A: **来る前に**電話ください。

오기 전에 전화 주세요.

オギジョネ チョヌヮジュセヨ

B: はい、電話します。

네, 전화할게요.

ネ チョヌヮハルケヨ

大きいサイズがありますか？

큰 사이즈가 있어요?

クン　サイジュガ　イッソヨ

084

形容詞の連体形は語幹が ㄹ かパッチムがなければ ㄴ(ン)、それ以外では 은(ウン) をつけます。

大きいサイズがありますか？

큰 사이즈가 있어요?　크다［大きい］

クン　サイジュガ　イッソヨ

小さいサイズがあります。

작은 사이즈가 있어요.　작다［小さい］

チャグン　サイジュガ　イッソヨ

있다(イッタ)**/없다**(オプタ) や **있다/없다** がつく形容詞は 는(ヌン) をつけます。

おいしい韓国料理が食べたいです。

맛있는 한국 요리를 먹고 싶어요.　맛있다［おいしい］

マシインヌン　ハングンニョリルル　モッコシッポヨ

面白くない映画でした。

재미없는 영화였어요.　재미없다［面白くない］

チェミオムヌン　ヨンファヨッソヨ

つなげてみましょう

① **温かい**お茶がありますか？

温かい 따뜻하다 / お茶がありますか？ 차가 있어요?
ッタットゥッタダ　チャガ　イッソヨ

➜ **따뜻한** 차가 있어요?
ッタットッタン　チャガ　イッソヨ

② **人気がある**歌手です。

人気がある 인기가 있다 / 歌手です 가수예요
インキガ　イッタ　カスエヨ

➜ **인기가 있는** 가수예요.
インキガ　インヌン　カスエヨ

③ **体に良い**食べ物です。

体に良い 몸에 좋다 / 食べ物です 음식이에요
モメ　チョッタ　ウムシギエヨ

➜ **몸에 좋은** 음식이에요.
モメ　チョウン　ウムシギエヨ

④ **面白い**映画です。

面白い 재미있다 / 映画です 영화예요
チェミイッタ　ヨンファエヨ

➜ **재미있는** 영화예요.
チェミインヌン　ヨンファエヨ

練習してみましょう

薄い字をなぞってから文法を活用して文をつくってみましょう。

① 大きい / サイズがありません

크다 / 사이즈가 없어요
クダ　サイジュガ　オプソヨ

大きいサイズがありません。

➡ 큰 사이즈가 없어요.
クン　サイジュガ　オプソヨ

➡ ______

② 安くて素敵だ / 服を買いました

싸고 예쁘다 / 옷을 샀어요
ッサゴ　イェップダ　オスル　サッソヨ

安くて**素敵な**服を買いました。

➡ 싸고 예쁜 옷을 샀어요.
ッサゴ　イェップン　オスル　サッソヨ

➡ ______

語幹のパッチムに ㅂ があるほとんどの形容詞は次に母音が来ると 우 に変化します。（ㅂ不規則）

例）熱い　熱い水（お湯）

뜨겁다 → 뜨겁＋은 → **뜨거운 물**
ットゥゴプタ　ットゥゴプ　ウン　ットゥゴウン　ムル

③ 熱い　/　水が出ません

뜨겁다 / 물이 안 나와요
ットゥゴプタ　ムリ　アンナワヨ

お湯がでません。

➡ 뜨거운 물이 안 나와요.（ㅂ不規則）
ットゥゴウン　ムリ　アンナワヨ

➡ ______________________________

④ 辛い　/　食べ物が好きです

맵다 / 음식을 좋아해요
メプタ　ウムシグル　チョアヘヨ

辛い食べ物が好きです。

➡ 매운 음식을 좋아해요.（ㅂ不規則）
メウン　ウムシグル　チョアヘヨ

➡ ______________________________

⑤ ここから近い　/　駅はどこですか？

여기서 가깝다 / 역이 어디예요?
ヨギソ　カッカプタ　ヨギ　オディエヨ

ここから**近い**駅はどこですか？

➡ 여기서 가까운 역이 어디예요?（ㅂ不規則）
ヨギソ　カッカウン　ヨギ　オディエヨ

➡ ______________________________

基本文型のまとめ　語尾表現　接続表現4　単語帳

聞いて答えて

① A: 大きいサイズがありますか？

큰 사이즈가 있어요?
クン サイジュガ イッソヨ

B: いいえ、**大きい**サイズがありません。

아뇨, **큰** 사이즈가 없어요.
アニョ クン サイジュガ オプソヨ

② A: どんな服を買いましたか？

어떤 옷을 샀어요?
オットン オスル サッソヨ

B: 安くて**素敵な**服を買いました。

싸고 **예쁜** 옷을 샀어요.
ッサゴ イェップン オスル サッソヨ

③ A: (ホテルで) どうなさいましたか？

무엇을 도와 드릴까요?
ムォスル トワ ドゥリルカヨ

B: **お湯が**出ないんです。

뜨거운 물이 안 나와요.
ットゥゴウン ムリ アンナワヨ

무엇을 도와 드릴까요?：直訳は「何をお手伝いしましょうか」で、この他お店などでも「何をお探しですか？」の意味で使われます。

④ A: 辛いものは大丈夫ですか？

매운 것은 괜찮아요?
メウンゴスン　ケンチャナヨ

B: はい、**辛い**食べ物が好きです。

네, **매운** 음식을 좋아해요.
ネ　メウン　ウムシグル　チョアヘヨ

⑤ A: ここから**近い**駅はどこですか？

여기서 **가까운** 역이 어디예요?
ヨギソ　カッカウン　ヨギ　オディエヨ

B: カンナム（江南）駅が一番近いです。

강남역이 제일 가까워요.
カンナムニョギ　チェイル　カッカウォヨ

タクシー乗り場はどこですか？

택시를 타는 곳은 어디예요?

テクシルル　タヌンゴスン　オディエヨ

動詞の現在連体形はパッチムに関係なく 는（ヌン） をつなげます。

タクシー**乗り場**はどこですか？

택시를 **타는 곳**은 어디예요?　타다［乗る］

テクシルル　タヌンゴスン　オディエヨ

私がよく**食べる食べ物**です。

제가 자주 **먹는 음식**이에요.　먹다［食べる］

チェガ　チャジュ　モンヌン　ウムシギエヨ

これが一番よく**売れているお菓子**です。

이게 제일 잘 **팔리는 과자**예요.　팔리다［売れる］

イゲ　チェイル　チャル　パルリヌン　クヮジャエヨ

이게: 이것이（イゴシ） の省略形で会話ではこちらがより多く使われます。

つなげてみましょう

① **わからない**単語が多いです。

わからない 모르다 / 単語が多いです 단어가 많아요
モルダ　タノガ　マナヨ

➡ **모르는** 단어가 많아요.
モルヌン　タノガ　マナヨ

② 新聞を**読む**習慣が必要です。

新聞を読む 신문을 읽다 / 習慣が必要です 습관이 필요해요
シンムヌル　イㇰタ　スプクヮニ　ピリョヘヨ

➡ 신문을 **읽는** 습관이 필요해요.
シンムヌル　インヌン　スプクヮニ　ピリョヘヨ

③ 1時に**出発する**汽車に乗ってください。

1時に出発する 1(한)시에 출발하다 / 汽車に乗ってください 기차를 타세요
ハンシエ　チュルバラダ　キチャルル　タセヨ

➡ 1시에 **출발하는** 기차를 타세요.
ハンシエ　チュルバラヌン　キチャルル　タセヨ

④ 結婚式に韓服を**着る**人たちが多いです。

結婚式に韓服を着る 결혼식에 한복을 입다 / 人たちが多いです 사람들이 많아요
キョロンシゲ　ハンボグル　イプタ　サラムドゥリ　マナヨ

➡ 결혼식에 한복을 **입는** 사람들이 많아요.
キョロンシゲ　ハンボグル　イムヌン　サラムドゥリ　マナヨ

練習してみましょう

薄い字をなぞってから文法を活用して文をつくってみましょう。

① 好きだ / 食べ物は何ですか

좋아하다 / 음식이 뭐예요?
チョアハダ ウムシギ ムォエヨ

好きな食べ物は何ですか？

➡ 좋아하는 음식이 뭐예요?
チョアハヌン ウムシギ ムォエヨ

➡ ______________________________

② よく行く / カフェへ行きましょう

자주 가다 / 카페로 갑시다
チャジュ カダ カペロ カプシダ

よく**行く**カフェに行きましょう。

➡ 자주 가는 카페로 갑시다.
チャジュ カヌン カペロ カプシダ

➡ ______________________________

③ キムチを食べない / 日はありません

김치를 안 먹다 / 날은 없어요
キムチルル アンモクッタ ナルン オプソヨ

キムチを**食べない**日はありません。

➡ 김치를 안 먹는 날은 없어요.
キムチルル アンモンヌン ナルン オプソヨ

➡ ______________________________

④ 私が今勉強する / 本です

제가 지금 공부하다 / 책이에요
チェガ チグム コンブハダ チェギエヨ

私が今**勉強している**本です。

➡ 제가 지금 공부하는 책이에요.
チェガ チグム コンブハヌン チェギエヨ

➡ ＿＿＿＿＿＿＿＿＿＿＿＿＿＿＿＿

⑤ よく作る / 韓国料理は何ですか

자주 만들다 / 한국 요리는 뭐예요?
チャジュ マンドゥルダ ハングンニョリヌン ムォエヨ

よく**作る**韓国料理は何ですか？

➡ 자주 만드는 한국 요리는 뭐예요? (ㄹ脱落)
チャジュ マンドゥヌン ハングンニョリヌン ムォエヨ

➡ ＿＿＿＿＿＿＿＿＿＿＿＿＿＿＿＿

⑥ 銀行で仕事する / 方です

은행에서 일하다 / 분이에요
ウネンエソ イラダ ブニエヨ

銀行で**仕事している**方です。

➡ 은행에서 일하는 분이에요.
ウネンエソ イラヌン ブニエヨ

➡ ＿＿＿＿＿＿＿＿＿＿＿＿＿＿＿＿

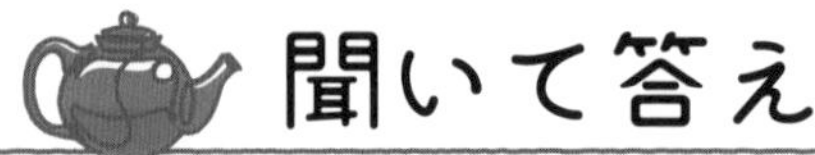

聞いて答えて

① A: **好きな**食べ物は何ですか？

좋아하는 음식이 뭐예요?

チョアハヌン　ウムシギ モエヨ

B: サムゲタン（参鶏湯）です。

삼계탕이에요.

サムゲタンイエヨ

② A: どこへ行きましょうか？

어디로 갈까요?

オディロ　カルカヨ

B: よく**行く**カフェへ行きましょう。

자주 **가는** 카페로 갑시다.

チャジュ　カヌン　カペロ　カプシダ

③ A: 毎日キムチを食べますか？

매일 김치를 먹어요?

メイル　キムチルル　モゴヨ

B: はい、キムチを**食べない**日はありません。

네, 김치를 **안 먹는** 날은 없어요.

ネ　キムチルル　アンモンヌン　ナルン　オプソヨ

④ A: 何の本ですか？

무슨 책이에요?

ムスン チェギエヨ

B: 私が今**勉強している**本です。

제가 지금 **공부하는** 책이에요.

チェガ チグム コンブハヌン チェギエヨ

⑤ A: よく**作る**韓国料理は何ですか？

자주 **만드는** 한국 요리는 뭐예요?

チャジュ マンドゥヌン ハングンニョリヌン ムォエヨ

B: テンジャンチゲです。

된장찌개예요.

トゥエンジャンッチゲエヨ

⑥ A: どこで働いている方ですか？

어디서 일하는 분이에요?

オディソ イラヌン ブニエヨ

B: 銀行で**仕事している**方です。

은행에서 **일하는** 분이에요.

ウネンエソ イラヌン ブニエヨ

6
動詞の連体形 ② 過去・未来形

昨日見た公演が印象的でした。

어제 본 공연이 인상적이었어요.

オジェ　ボン　コンヨンニ　インサンチョギヨッソヨ

動詞の過去連体形は語幹が ㄹ かパッチムがなければ ㄴ（ン）、それ以外では 은（ウン）をつなげます。

昨日**見た公演**が印象的でした。

어제 **본 공연**이 인상적이었어요.　보다［見る］
オジェ　ポン　コンヨンニ　インサンチョギヨッソヨ

主人から**もらったピアス**です。

남편한테서 **받은 귀고리**예요.　받다［もらう、受けとる］
ナムピョンハンテソ　パドゥン　クィゴリエヨ

動詞の未来連体形は ㄹ かパッチムがなければ ㄹ（ル）、それ以外では 을（ウル）をつなげます。

（これから）**留学する人**は面接を受けます。

유학할 사람은 면접을 봐요.　유학하다［留学する］
ユハッカル　サラムン　ミョンジョブル　ボァヨ

（これから）**食べるもの**を買ってきました。

먹을 것을 사왔어요.　먹다［食べる］
モグルコスル　サワッソヨ

つなげてみましょう

① これは私が**撮った**写真です。

これは私が撮る 이것은 제가 찍다 / 写真です 사진이에요
イゴスン チェガ ッチクタ サジニエヨ

➡ 이것은 제가 **찍은** 사진이에요.
イゴスン チェガ ッチグン サジニエヨ

② 映画にも**出た**歌手です。

映画にも出る 영화에도 나오다 / 歌手です 가수예요
ヨンファエド ナオダ カスエヨ

➡ 영화에도 **나온** 가수예요.
ヨンファエド ナオン カスエヨ

③ 冬に**着る**服を買いました。

冬に着る 겨울에 입다 / 服を買いました 옷을 샀어요
キョウレ イプタ オスル サッソヨ

➡ 겨울에 **입을** 옷을 샀어요.
キョウレ イブル オスル サッソヨ

④ 明日は**行く**時間がありません。

明日は行く 내일은 가다 / 時間がありません 시간이 없어요
ネイルン カダ シガニ オプソヨ

➡ 내일은 **갈** 시간이 없어요.
ネイルン カル シガニ オプソヨ

練習してみましょう

薄い字をなぞってから文法を活用して文をつくってみましょう。

① 母が作る / 料理（食べ物）です

어머니가 만들다 / 음식이에요
オモニガ マンドゥルダ ウムシギエヨ

母が**作った**料理（食べ物）です。

➔ 어머니가 만든 음식이에요.（ㄹ脱落）
オモニガ マンドゥン ウムシギエヨ

➔ ______________________

② 昨日食べる / 料理の名前は何ですか？

어제 먹다 / 요리 이름이 뭐예요?
オジェ モクタ ヨリ イルミ ムォエヨ

昨日**食べた**料理の名前は何ですか？

➔ 어제 먹은 요리 이름이 뭐예요?
オジェ モグン ヨリ イルミ ムォエヨ

➔ ______________________

③ 友達にあげる / お土産を買います

친구에게 주다 / 선물을 사요
チングエゲ チュダ ソンムルル サヨ

友達に**あげる**お土産を買います。

➔ 친구에게 줄 선물을 사요.
チングエゲ チュル ソンムルル サヨ

➔ ______________________

④ 韓国に行く / 計画を立てました

한국에 가다 / 계획을 세웠어요
ハングゲ カダ ケフェグル セウォッソヨ

韓国に**行く**計画を立てました。

➡ 한국에 갈 계획을 세웠어요.
ハングゲ カル ケフェグル セウォッソヨ

➡ ______

⑤ 民俗村を見物する / 予定です

민속촌을 구경하다 / 예정이에요
ミンソッチョンヌル クギョンハダ イェジョンイエヨ

民俗村を**見物する**予定です。

➡ 민속촌을 구경할 예정이에요.
ミンソッチョンヌル クギョンハル イェジョンイエヨ

➡ ______

⑥ 進学する / つもりです（考えです）

진학하다 / 생각이에요
チナッカダ センガギエヨ

進学するつもりです。

➡ 진학할 생각이에요.
チナッカル センガギエヨ

➡ ______

聞いて答えて

① A: 誰がつくった料理ですか？

누가 만든 음식이에요?
ヌガ マンドゥン ウムシギエヨ

B: 母が**つくった**料理（食べ物）です。

어머니가 **만든** 음식이에요.
オモニガ マンドゥン ウムシギエヨ

② A: 昨日**食べた**料理の名前は何ですか？

어제 **먹은** 요리 이름이 뭐예요?
オジェ モグン ヨリ イルミ ムォエヨ

B: カムジャタンです。

감자탕이에요.
カムジャタンイエヨ

③ A: 何を買いますか？

뭘 사요?
ムォル サヨ

B: 友達に**渡す**お土産を買います。

친구에게 **줄** 선물을 사요.
チングエゲ チュル ソンムルル サヨ

④ A: 韓国に**行く**計画を立てました。

한국에 **갈** 계획을 세웠어요.

ハングゲ　カル　ケフェグル　セウォッソヨ

B: いつ行くつもりですか？

언제 갈 거예요?

オンジェ　カルコエヨ

⑤ A: どこを見物する予定ですか？

어디를 구경할 예정이에요?

オディルル　クギョンハル　イェジョンイエヨ

B: 民俗村を**見物する**予定です。

민속촌을 **구경할** 예정이에요.

ミンソクチョヌル　クギョンハル　イェジョンイエヨ

⑥ A: これから何をするつもりですか？

앞으로 뭘 할 거예요?

アプロ　ムォル　ハルコエヨ

B: **進学する**つもり（考え）です。

진학할 생각이에요.

チナッカル　センガギエヨ

接続表現　復習問題1

ミンジュさんとはるかさんは北村を観光し、ホテルに帰るところです。二人の会話を読んで内容をつかんでみましょう。

096

하루카: 북촌에서 본 한국 전통 가옥이 아주 좋았어요.
プㇰチョンエソ　ポン　ハングㇰ　ジョントン　カオギ　アジュ　チョアッソヨ

민　주: 우리 슬슬 호텔로 돌아갈까요?
ウリ　スㇽスㇽ　ホテㇽロ　トラガㇽカヨ

여기서 호텔까지 가는 버스가 있어요.
ヨギソ　ホテㇽッカジ　カヌン　ポスガ　イッソヨ

하루카: 와, 잘 됐네요. 그것을 타고 갑시다.
ワ　チャㇽドゥエンネヨ　クゴスㇽ　タゴ　カㇷ゚シダ

그런데 조금 배가 고파요.
クロンデ　チグㇺ　ペガ　コパヨ

민　주: 그러네요. 그럼 가기 전에 뭘 먹고 갈까요?
クロネヨ　クロㇺ　カギ　ジョネ　ムォㇽ　モッコ　カㇽカヨ

근처에 제가 자주 가는 가게가 있어요.
クンチョエ　チェガ　チャジュ　カヌン　カゲガ　イッソヨ

부대찌개 좋아해요? 싸고 맛있어요.
プデッチゲ　チョアヘヨ　ッサゴ　マシッソヨ

하루카: 저 부대찌개 아주 좋아해요!
チョ　プデッチゲ　アジュ　チョアヘヨ

그런데 오늘 돈을 다 썼어요…
クロンデ　オヌㇽ　トヌㇽ　タ　ッソッソヨ

민　주: 괜찮아요. 걱정하지 마세요. 제가 살게요.
クェンチャナヨ　コッチョンハジマセヨ　チェガ　サㇽケヨ

전통 가옥 伝統家屋　**잘 됐네요.** ちょうど良かったです。　**슬슬** そろそろ
그런데 ところで、でも

質問

① 북촌에서는 뭐가 좋았어요?
北村では何が良かったですか？
➡ ______

② 두 사람은 뭘 타고 호텔로 돌아가요?
二人は何に乗ってホテルに戻りますか？
➡ ______

③ 두 사람은 호텔로 가기 전에 뭘 먹을 거예요?
二人はホテルに帰る前に何を食べるつもりですか？
➡ ______

④ 가게에서는 누가 돈을 내요?
お店ではだれがお金を払いますか？
➡ ______

訳文

ハルカ：北村で見た韓国の伝統家屋がとてもよかったです。
ミンジュ：私たちそろそろホテルに戻りましょうか？
ここからホテルまで行くバスがありますよ。
ハルカ：わぁ、ちょうど良かったです。それに乗って行きましょう。
ところで少しおなかがすきました。
ミンジュ：そうですね。では帰る前に何を食べてから行きましょうか？
近くに私がよく行くお店があります。プデチゲ好きですか？
安くておいしいですよ。
ハルカ：私、プデチゲとっても好きなんです！
でも、今日お金を全部使ってしまいました
ミンジュ：大丈夫です。心配しないでください。私がおごりますよ。

質問の答え

① **한국 전통 가옥이 좋았어요.** 韓国の伝統家屋がとても良かったです。
② **버스를 타고 호텔로 돌아가요.** バスに乗ってホテルに戻ります。
③ **부대찌개를 먹을 거예요.** プデチゲを食べるつもりです。
④ **민주 씨가 돈을 내요.** ミンジュさんがお金を払います。

7 順序の接続表現 ②

30 分後に到着します。

30분 후에 도착해요.

サムシップン　フエ　トチャッケヨ

「～後に、～した後に」という順序を伝える表現です。動詞は語幹が ㄹ かパッチムがなければ **ㄴ 후에**（ン フエ）、それ以外では **은 후에**（ウン フエ）をつなげます。

授業が**終わった後で**図書館に行きます。

수업이 **끝난 후에** 도서관에 가요.　끝나다［終わる］

スオビ　ックンナン　フエ　トソグヮネ　カヨ

映画を**見てから**食事をしましょう。

영화를 **본 후에** 식사를 합시다.　보다［見る］

ヨンファルル　ポン　フエ　シクサルル　ハプシダ

名詞は **후에**（フエ）をつなげます。

30 分後に到着します。

30분 후에 도착해요.　30(삼십)분［30分］

サムシップン　フエ　トチャッケヨ

つなげてみましょう

① **退勤した後に**会いましょう。

退勤する 퇴근하다 / 会いましょう 만납시다
トゥェグナダ マンナㇷ゚シダ

➡ **퇴근한 후에** 만납시다.
トゥェグナン フエ マンナㇷ゚シダ

② **10分後に**もう一度電話します。

10分 10(십)분 / もう一度電話します 다시 전화할게요
シップン タシ チョヌヮハルケヨ

➡ **10분 후에** 다시 전화할게요.
シップン フエ タシ チョヌヮハルケヨ

③ **卒業してから**何をするつもりですか？

卒業する 졸업하다 / 何をするつもりですか？ 뭘 할 거예요?
チョロッパダ ムォル ハルコエヨ

➡ **졸업한 후에** 뭘 할 거예요?
チョロッパン フエ ムォル ハルコエヨ

④ **食後に**この薬をお飲みになってください。

食事 식사 / この薬をお飲みになってください 이 약을 드세요
シㇰサ イ ヤグル トゥセヨ

➡ **식사 후에** 이 약을 드세요.
シㇰサ フエ イ ヤグル トゥセヨ

練習してみましょう

薄い字をなぞってから文法を活用して文をつくってみましょう。

① ハンボクを着る　/　写真を撮ります

한복을 입다 / 사진을 찍어요
ハンボグル　イプタ　サジヌル　ッチゴヨ

ハンボク（韓服）を**着てから**写真を撮ります。

➡ 한복을 입은 후에 사진을 찍어요.
ハンボグル　イブン　フエ　サジヌル　ッチゴヨ

➡ ____________________

② 一時間　/　お客さんがいらっしゃいます

1(한)시간 / 손님이 오세요
ハンシガン　ソンニミ　オセヨ

一時間後にお客さんがいらっしゃいます。

➡ 1시간 후에 손님이 오세요.
ハンシガン　フエ　ソンニミ　オセヨ

➡ ____________________

③ ビールを飲む　/　焼酎を飲みました

맥주를 마시다 / 소주를 마셨어요
メッチュルル　マシダ　ソジュルル　マショッソヨ

ビールを**飲んだ後に**焼酎を飲みました。

➡ 맥주를 마신 후에 소주를 마셨어요.
メッチュルル　マシン　フエ　ソジュルル　マショッソヨ

➡ ____________________

④ テレビを見る　/　宿題をやりました

텔레비전을 보다 / 숙제를 했어요
テルレビジョンヌル　ポダ　スクチェルル　ヘッソヨ

テレビを**見てから**宿題をやりました。

➡ 텔레비전을 본 후에 숙제를 했어요.
テルレビジョンヌル　ポン　フエ　スクチェルル　ヘッソヨ

➡ ＿＿＿＿＿＿＿＿＿＿＿＿＿＿＿＿＿＿＿＿

⑤ ひと月　/　引っ越すつもりです

한 달 / 이사할 거예요
ハンダル　イサハルコエヨ

ひと月後に引っ越すつもりです。

➡ 한 달 후에 이사할 거예요.
ハンダル　フエ　イサハルコエヨ

➡ ＿＿＿＿＿＿＿＿＿＿＿＿＿＿＿＿＿＿＿＿

⑥ 予約する　/　お金を出してください

예약하다 / 돈을 내세요
イェヤッカダ　トヌル　ネセヨ

予約した後にお支払いください。

➡ 예약한 후에 돈을 내세요.
イエヤッカン　フエ　トヌル　ネセヨ

➡ ＿＿＿＿＿＿＿＿＿＿＿＿＿＿＿＿＿＿＿＿

聞いて答えて

① A: いつ写真を撮りますか？

언제 사진을 찍어요?

オンジェ　サジヌル　ッチゴヨ

B: ハンボク（韓服）を**着てから**写真を撮ります。

한복을 **입은 후에** 사진을 찍어요.

ハンボグル　イブン　フエ　サジヌル　ッチゴヨ

② A: いつお客さんはいらっしゃいますか？

언제 손님이 오세요?

オンジェ　ソンニミ　オセヨ

B: **一時間後に**お客さんがいらっしゃいます。

1시간 후에 손님이 오세요.

ハンシガン　フエ　ソンニミ　オセヨ

③ A: ビールを飲んだ後に何を飲みましたか？

맥주를 마신 후에 뭘 마셨어요?

メㇰチュルル　マシン　フエ　ムォル　マショッソヨ

B: ビールを**飲んだ後に**焼酎を飲みました。

맥주를 **마신 후에** 소주를 마셨어요.

メㇰチュルル　マシン　フエ　ソジュルル　マショッソヨ

④ A: テレビを見てから何をしましたか？

텔레비젼을 본 후에 뭘 했어요?

テルレビジョンヌル　ポン　フエ　ムォル　ヘッソヨ

B: テレビを**見てから**宿題をやりました。

텔레비젼을 **본 후에** 숙제를 했어요.

テルレビジョンヌル　ポン　フエ　スクチェルル　ヘッソヨ

⑤ A: いつ引っ越すつもりですか？

언제 이사할 거예요?

オンジェ　イサハルコエヨ

B: **一か月後に**引っ越すつもりです。

한 달 후에 이사할 거예요.

ハンダル　フエ　イサハルコエヨ

⑥ A: いつお金を払えばいいですか？

언제 돈을 내면 돼요?

オンジェ　トヌル　ネミョン ドゥエヨ

B: **予約してから**お支払いください。

예약한 후에 돈을 내세요.

イエヤッカン　フエ　トヌル　ネセヨ

8
理由の接続表現 ①

おいしいので召し上がってみてください。
맛있으니까 드셔 보세요.
マシッスニッカ　トゥショボセヨ

主観的な理由を述べる表現です。後ろでは勧誘形や命令、依頼の表現が多く使われます。語幹に ㄹ かパッチムがなければ **니까**（ニッカ）、それ以外では **(으)니까**（ウニッカ）をつなげます。

おいしいので召し上がってみてください。

맛있으니까 드셔 보세요.　맛있다［おいしい］
マシッスニッカ　トゥショボセヨ

今**行くので**待ってください。

지금 **가니까** 기다려 주세요.　가다［行く］
チグム　カニッカ　キダリョジュセヨ

名詞にはパッチムがあれば **이니까**（イニッカ）、なければ **니까**（ニッカ）をつけます。

休み**時間だから**少し休みましょう。

쉬는 **시간이니까** 좀 쉽시다.　쉬는 시간［休み時間］
シュィヌン　シガニニッカ　チョム　シュイプシダ

つなげてみましょう

① 時間が**ないので**はやく行ってください。

時間がない 시간이 없다 / はやく行ってください 빨리 가세요
シガニ オㇷ゚タ ッパㇽリ カセヨ

➡ 시간이 **없으니까** 빨리 가세요.
シガニ オㇷ゚スニッカ ッパㇽリ カセヨ

② ドラマが**面白いので**よく見ます。

ドラマが面白い 드라마가 재미있다 / よく見ます 자주 봐요
トゥラマガ チェミイッタ チャジュ ボァヨ

➡ 드라마가 **재미있으니까** 자주 봐요.
トゥラマガ チェミイッスニッカ チャジュ ボァヨ

③ 地下鉄が**安いので**地下鉄で行きましょう。

地下鉄が安い 지하절이 싸다 / 地下鉄で行きましょう 지하철로 갑시다
チハチョリ サダ チハチョㇽロ カㇷ゚シダ

➡ 지하절이 **싸니까** 지하철로 갑시다.
チハチョリ ッサニッカ チハチョㇽロ カㇷ゚シダ

④ 雨が**降っているので**（雨が降るので）傘を持っていってください。

雨が降っている 비가 오다 / 傘を持っていってください 우산을 가져 가세요
ピガ オダ ウサヌㇽ カジョガセヨ

➡ 비가 **오니까** 우산을 가져 가세요.
ピガ オニッカ ウサヌㇽ カジョガセヨ

오니까 には「これから降る」という意味もあります。

基本文型のまとめ
語尾表現
接続表現8
単語帳

練習してみましょう

薄い字をなぞってから文法を活用して文をつくってみましょう。

① 時間がたくさんある / ゆっくり見物しましょう

시간이 많다 / 천천히 구경합시다
シガニ　マンタ　チョンチョニ　クギョンハッシダ

時間が**たくさんあるので**ゆっくり見物しましょう。

➡ 시간이 많으니까 천천히 구경합시다.
シガニ　マヌニッカ　チョンチョニ　クギョンハッシダ

➡ ______________________________

② 市場が安い / そこで買うつもりです

시장이 싸다 / 거기서 살 거예요
シジャンイ　ッサダ　コギソ　サルコエヨ

市場が**安いので**そこで買うつもりです。

➡ 시장이 싸니까 거기서 살 거예요.
シジャンイ　ッサニッカ　コギソ　サルコエヨ

➡ ______________________________

③ 去年ソウルに行った / 今年はプサンに行きましょう

작년에 서울에 갔다 / 올해는 부산에 갑시다
チャンニョネ　ソウレ　カッタ　オレヌン　プサンエ　カッシダ

去年ソウルに**行ったので**、今年はプサンに行きましょう。

➡ 작년에 서울에 갔으니까 올해는 부산에 갑시다.
チャンニョネ　ソウレ　カッスニッカ　オレヌン　プサンエ　カッシダ

➡ ______________________________

④ 外は寒い　/　風邪に気をつけてください

밖이 춥다 / 감기 조심하세요
パッキ　チュプタ　カムギ　チョシマセヨ

外は**寒いので**風邪に気をつけてください。

➡ 밖이 추우니까 감기 조심하세요.
パッキ　チュウニッカ　カムギ　チョシマセヨ

➡ ______

⑤ お財布は3階で売っている　/　3階へ行ってください

지갑은 3(삼)층에서 팔다 / 3층으로 가세요
チガプン　サムチュンエソ　パルダ　サムチュンウロ　カセヨ

お財布は3階で**売っているので**3階へ行ってください。

➡ 지갑은 3층에서 파니까 3층으로 가세요. (ㄹ脱落)
チガプン　サムチュンエソ　パニッカ　サムチュンウロ　カセヨ

➡ ______

⑥ 道が混んでいる　/　地下鉄に乗りましょう

길이 복잡하다 / 지하철을 탑시다
キリ　ポクチャッパダ　チハチョルル　タプシダ

道が**混んでいるので**地下鉄に乗りましょう。

➡ 길이 복잡하니까 지하철을 탑시다.
キリ　ポクチャッパニッカ　チハチョルル　タプシダ

➡ ______

聞いて答えて

① A: 時間が**たくさんあるので**ゆっくり見ましょう。

시간이 **많으니까** 천천히 구경합시다.
シガニ　マヌニッカ　チョンチョニ　クギョンハプシダ

B: はい、そうしましょう。

네, 그렇게 합시다.
ネ　クロッケ　ハプシダ

② A: 果物をどこで買いましょうか？

과일을 어디서 살까요?
クヮイルン　オディソ　サルカヨ

B: 市場が**安いので**そこで買いましょう。

시장이 **싸니까** 거기서 삽시다.
シジャンイ　ッサニッカ　コギソ　サプシダ

③ A: 今年はどこに旅行行きましょうか？

올해는 어디에 여행 갈까요?
オレヌン　オディエ　ヨヘン　カルカヨ

B: 去年ソウルに**行ったので**、今年はプサンに行きましょう。

작년에 서울에 **갔으니까** 올해는 부산에 갑시다.
チャンニョネ　ソウレ　カッスニッカ　オレヌン　プサネ　カプシダ

④ A: 外は**寒いので**風邪に気をつけてください。

밖이 **추우니까** 감기 조심하세요.
パッキ　チュウニッカ　カムギ　チョシマセヨ

B: ありがとうございます。

감사합니다.
カムサハムニダ

⑤ A: お財布はどこで売っていますか？

지갑은 어디서 팔아요?
チガブン　オディソ　パラヨ

B: お財布は 3 階で**売っているので** 3 階へ行ってください。

지갑은 3(삼)층에서 **파니까** 3층으로 가세요.
チガブン　サムチュンエソ　パニッカ　サムチュンウロ　カセヨ

⑥ A: 道が**混んでいるので**地下鉄に乗りましょう。

길이 **복잡하니까** 지하철을 탑시다.
キリ　ポクチャッパニッカ　チハチョルル　タプシダ

B: はい、そうしましょう。

네, 그렇게 합시다.
ネ　クロッケ　ハプシダ

9 仮定の接続表現

着いたら電話しますね。

도착하면 전화할게요.

トチャッカミョン　チョヌヮハルケヨ

仮定の表現は動詞・形容詞の語幹が **ㄹ** かパッチムがなければ **면**（ミョン）、それ以外では **으면**（ウミョン）をつなげます。

着いたら電話しますね。

도착하면 전화할게요.　도착하다［到着する］

トチャッカミョン　チョヌヮハルケヨ

窓を**開ければ**海が見えます。

창문을 **열면** 바다가 보여요.　열다［開ける］

チャンムヌル　ヨルミョン　パダガ　ポヨヨ

お金が**あれば**家を買いたいです。

돈이 **있으면** 집을 사고 싶어요.　있다［ある・いる］

トニイッスミョン　チブル　サゴシッポヨ

名詞にはパッチムがなければ **면**（ミョン）、あれば **이면**（イミョン）をつけます。

明日になれば天気がよくなるでしょう。

내일이면 날씨가 좋아질 거예요.　내일［明日］

ネイリミョン　ナルシガ　チョアジルコエヨ

つなげてみましょう

① **疲れているなら**少し休んでください。

疲れている 피곤하다 / 少し休んでください 좀 쉬세요
ピゴナダ チョム シュィセヨ

➡ **피곤하면** 좀 쉬세요.
ピゴナミョン チョム シュィセヨ

② 韓国に**来たら**必ず連絡ください。

韓国に来る 한국에 오다 / 必ず連絡ください 꼭 연락 주세요
ハングゲ オダ ッコク ヨルラクチュセヨ

➡ 한국에 **오면** 꼭 연락 주세요.
ハングゲ オミョン ッコク ヨルラクチュセヨ

③ 具合がかなり**悪ければ**病院に行ってください。

具合がかなり悪い 많이 아프다 / 病院に行ってください 병원에 가세요
マニ アプダ ピョンウォンネ カセヨ

➡ 많이 **아프면** 병원에 가세요.
マニ アプミョン ピョンウォンネ カセヨ

④ 質問が**あれば**言ってください。

質問がある 질문이 있다 / 言ってください 말해 주세요
チルムニ イッタ マレジュセヨ

➡ 질문이 **있으면** 말해 주세요.
チルムニ イッスミョン マレジュセヨ

練習してみましょう

薄い字をなぞってから文法を活用して文をつくってみましょう。

① 天気が良い　/　行くつもりです

날씨가 좋다 / 갈 거예요
ナルシガ　チョッタ　カルコエヨ

天気が**良ければ**行くつもりです。

➡ 날씨가 좋으면 갈 거예요.
ナルシガ　チョウミョン　カルコエヨ

➡ ______

② 遅れて来る　/　出発できません

늦게 오다 / 출발할 수 없어요
ヌッケ　オダ　チュルバラルス　オプソヨ

遅れて**来たら**出発できません。

➡ 늦게 오면 출발할 수 없어요.
ヌッケ　オミョン　チュルバラルス　オプソヨ

➡ ______

③ Tマネーカードがある　/　便利です

티머니 카드가 있다 / 편리해요
ティモニ　カドゥガ　イッタ　ピョルリヘヨ

Tマネーカードが**あれば**便利です。

➡ 티머니 카드가 있으면 편리해요.
ティモニ　カドゥガ　イッスミョン　ピョルリヘヨ

➡ ______

④ 頭が痛い / この薬を飲んでください

머리가 아프다 / 이 약을 드세요
モリガ アプダ イ ヤグル トゥセヨ

頭が**痛ければ**この薬を飲んでください。

➡ 머리가 아프면 이 약을 드세요.
モリガ アプミョン イ ヤグル トゥセヨ

➡ ______

⑤ 電話番号を知っている / 教えてください

전화번호를 알다 / 가르쳐 주세요
チョヌァッポノルル アルダ カルチョジュセヨ

電話番号を**知っていたら**教えてください。

➡ 전화번호를 알면 가르쳐 주세요.
チョヌァッポノルル アルミョン カルチョジュセヨ

➡ ______

⑥ 雨が降らない / 登山に行きます

비가 안 오다 / 등산을 가요
ピガ アノダ トゥンサヌル カヨ

雨が**降らなければ**登山に行きます。

➡ 비가 안 오면 등산을 가요.
ピガ アノミョン トゥンサヌル カヨ

➡ ______

聞いて答えて

① A: 明日チャンドックン（昌徳宮）に行きますか？

내일 창덕궁에 가요?
ネイル チャンドックンエ カヨ

B: 天気が**良ければ**行くつもりです。

날씨가 **좋으면** 갈 거예요.
ナルシガ チョウミョン カルコエヨ

② A: 遅れて**来たら**出発できません。

늦게 **오면** 출발할 수 없어요.
ヌッケ オミョン チュルバラルス オプソヨ

B: わかりました。

알겠어요.
アルゲッソヨ

③ A: Tマネーカードが必要ですか？

티머니 카드가 필요해요?
ティモニ カドゥガ ピリョヘヨ

B: はい、Tマネーカードが**あれば**便利です。

네, 티머니 카드가 **있으면** 편리해요.
ネ ティモニ カドゥガ イッスミョン ピョルリヘヨ

④ A: 頭が**痛ければ**この薬を飲んでください。

머리가 **아프면** 이 약을 드세요.
モリガ　アップミョン　イ　ヤグル　トゥセヨ

B: ありがとうございます。

감사합니다.
カムサハムニダ

⑤ A: 電話番号を**知っていたら**教えてください。

전화번호를 **알면** 가르쳐 주세요.
チョヌヮボノルル　アルミョン　カルチョジュセヨ

B: はい、ちょっとお待ちください。

네, 잠시만요.
ネ　チャムシマンニョ

⑥ A: 明日どこに行きますか？

내일 어디에 가요?
ネイル　オディエ　カヨ

B: 雨が**降らなければ**登山に行きます。

비가 **안 오면** 등산을 가요.
ピガ　アノミョン　トゥンサンヌル　カヨ

10
同時進行の接続表現

コーヒーを飲みながら話します。

커피를 마시면서 이야기해요.

コピル　マシミョンソ　イヤギヘヨ

「～ながら」のような同時進行している動作を表す表現は動詞語幹に ㄹ 以外のパッチムがあれば **으면서**（ウミョンソ）、それ以外では **면서**（ミョンソ）をつなげます。

コーヒーを**飲みながら**話します。

커피를 **마시면서** 이야기해요.　마시다［飲む］

コピルル　マシミョンソ　イヤギヘヨ

キンパプを**つくりながら**サラダもつくりました。

김밥을 **만들면서** 샐러드도 만들었어요. 만들다［つくる］

キムバプル　マンドゥルミョンソ　セルロドゥド　マンドゥロッソヨ

辞書を**引きながら**新聞を読みます。

사전을 **찾으면서** 신문을 읽어요. 사전을 찾다［辞書を引く］

サジョヌル　チャジュミョンソ　シンムンヌル　イルゴヨ

つなげてみましょう

① 手紙を**読みながら**泣きました。

手紙を読む 편지를 읽다 / 泣きました 울었어요
ピョンジルル イクタ ウロッソヨ

➡ 편지를 **읽으면서** 울었어요.
ピョンジルル イルグミョンソ ウロッソヨ

② アルバイトを**しながら**勉強します。

アルバイトをする 아르바이트를 하다 / 勉強します 공부해요
アルバイトゥルル ハダ コンブヘヨ

➡ 아르바이트를 **하면서** 공부해요.
アルバイトゥルル ハミョンソ コンブヘヨ

③ ピアノを**弾きながら**歌います。

ピアノを弾く 피아노를 치다 / 歌います 노래해요
ピアノルル チダ ノレヘヨ

➡ 피아노를 **치면서** 노래해요.
ピアノルル チミョンソ ノレヘヨ

④ 服を**着替えながら**考えました。

服を着替える 옷을 갈아입다 / 考えました 생각했어요
オスル カライㇷ゚タ センガッケッソヨ

➡ 옷을 **갈아입으면서** 생각했어요.
オスル カライブミョンソ センガッケッソヨ

練習してみましょう

薄い字をなぞってから文法を活用して文をつくってみましょう。

① 一杯やる　/　決めましょう

한잔하다 / 정합시다
ハンジャンナダ　チョンハッシダ

一杯**やりながら**決めましょう。

➡ 한잔하면서 정합시다.
ハンジャンナミョンソ　チョンハッシダ

➡ ______

② お昼を食べる　/　話（を）します

점심을 먹다 / 이야기해요
チョムシムル　モクタ　イヤギヘヨ

お昼を**食べながら**話をします。

➡ 점심을 먹으면서 이야기해요.
チョムシムル　モグミョンソ　イヤギヘヨ

➡ ______

③ 友達に聞く　/　宿題をしました

친구에게 물어 보다 / 숙제를 했어요
チングエゲ　ムロボダ　スクチェルル　ヘッソヨ

友達に**聞きながら**（質問しながら）宿題をしました。

➡ 친구에게 물어 보면서 숙제를 했어요.
チングエゲ　ムロボミョンソ　スクチェルル　ヘッソヨ

➡ ______

④ 韓国語を習う　　　　　/ 日本語を教えます

한국말을 배우다 / 일본말을 가르쳐요
ハングンマルル　ペウダ　イルボンマルル　カルチョヨ

韓国語を**習いながら**日本語を教えます。

➡ 한국말을 배우면서 일본말을 가르쳐요.
ハングンマルル　ペウミョンソ　イルボンマルル　カルチョヨ

➡ ______________________________

語幹にパッチム ㄷ があるいくつかの動詞は次に母音が来るとパッチム ㄷ が ㄹ に変わります（ㄷ不規則）。しかし、もともとのパッチムが ㄷ であるため **으면서** をつなげます。

듣다 → 듣 + 으면서 → **들으면서**

⑤ CD を聞く　　　　/ 勉強します

시디를 듣다 / 공부해요
シディル　トゥッタ　コンブヘヨ

CD を**聞きながら**勉強します。

➡ 시디를 들으면서 공부해요.（ㄷ不規則）
シディル　トゥルミョンソ　コンブヘヨ

➡ ______________________________

基本文型のまとめ
語尾表現
接続表現10
単語帳

聞いて答えて

① A: 一杯**やりながら**決めましょう。

한잔**하면서** 정합시다.
ハンジャンナミョンソ　チョンハプシダ

B: はい、そうですね。

네, 그래요.
ネ　クレヨ

② A: 今何していますか？

지금 뭐 해요?
チグム　ムォヘヨ

B: お昼を**食べながら**話をしています。

점심을 **먹으면서** 이야기해요.
チョムシムル　モグミョンソ　イヤギヘヨ

③ A: 宿題を全部やりましたか？

숙제를 다 했어요?
スクチェルル　タ　ヘッソヨ

B: はい、友達に**聞きながら**（質問しながら）宿題をしました。

네, 친구에게 **물어 보면서** 숙제를 했어요.
ネ　チングエゲ　ムロボミョンソ　スクチェルル　ヘッソヨ

④ A: みゆきさん、韓国では何をしていますか？

미유키 씨, 한국에서 무슨 일을 해요?
ミユキッシ　ハングゲソ　ムスン　イルル　ヘヨ

B: 韓国語を**習いながら**日本語を教えています。

한국말을 **배우면서** 일본말을 가르쳐요.
ハングンマルル　ペウミョンソ　イルボンマルル　カルチョヨ

⑤ A: どのように勉強していますか？

어떻게 공부해요?
オットケ　コンブヘヨ

B: CD を**聞きながら**勉強しています。

시디를 **들으면서** 공부해요.
シディルル　トゥルミョンソ　コンブヘヨ

基本文型のまとめ
語尾表現
接続表現10
単語帳

友達に会いに行きます。

친구를 만나러 가요.

チングル　マンナロ　カヨ

「〜しに行く（来る・出かける）」という目的を表す表現は動詞の語幹が **ㄹ** かパッチムがなければ **러**(ロ)、それ以外では **으러**(ウロ) をつなげます。**가다**(カダ) や **오다**(オダ)、**나가다**(ナガダ) などの移動を表す言葉と一緒に使います。

友達に**会いに**行きます。

친구를 **만나러** 가요.　　만나다［会う］

チングルル　マンナロ　カヨ

写真を**撮りに**公園に行きました。

사진을 **찍으러** 공원에 갔어요.　사진을 찍다［写真を撮る］

サジヌル　ッチグロ　コンウォネ　カッソヨ

そのうち一度**遊びに**来てください。

언제 한번 **놀러** 오세요.　　놀다［遊ぶ］

オンジェ　ハンボン　ノルロ　オセヨ

つなげてみましょう

① 公演を**見に**行きましょう。

公演を見る 공연을 보다 / 行きましょう 갑시다
コンヨヌル ポダ カㇷ゚シダ

➡ 공연을 **보러** 갑시다.
コンヨヌル ポロ カㇷ゚シダ

② お弁当を**買いに**出かけます。

お弁当を買う 도시락을 사다 / 出かけます 나가요
トシラグル サダ ナガヨ

➡ 도시락을 **사러** 나가요.
トシラグル サロ ナガヨ

③ チケットを**受け取りに**行こうと思います。

チケットを受け取る 티켓을 받다 / 行こうと思います 가려고 해요
ティケッスル パッタ カリョゴヘヨ

➡ 티켓을 **받으러** 가려고 해요.
ティケッスル パドゥロ カリョゴヘヨ

④ 通帳を**つくりに**銀行に来ました。

通帳をつくる 통장을 만들다 / 銀行に来ました 은행에 왔어요
トンジャンウル マンドゥルダ ウネンエ ワッソヨ

➡ 통장을 **만들러** 은행에 왔어요.
トンジャンウル マンドゥルロ ウネンエ ワッソヨ

練習してみましょう

薄い字をなぞってから文法を活用して文をつくってみましょう。

① 紅葉を見る　/　行きたいです

단풍을 보다 / 가고 싶어요
タンプンウル　ポダ　カゴシッポヨ

紅葉を**見に**行きたいです。

➡ 단풍을 보러 가고 싶어요.
タンプンウル　ポロ　カゴシッポヨ

➡ ______________________

② 明日ショッピングする　/　行きましょうか？

내일 쇼핑하다 / 갈까요?
ネイル　ショッピンハダ　カルカヨ

明日**ショッピングしに**行きましょうか？

➡ 내일 쇼핑하러 갈까요?
ネイル　ショッピンハロ　カルカヨ

➡ ______________________

③ お金を下ろす　/　銀行に行くつもりです

돈을 찾다 / 은행에 갈 거예요
トヌル　チャッタ　ウネンエ　カルコエヨ

お金を**下ろしに**銀行に行くつもりです。

➡ 돈을 찾으러 은행에 갈 거예요.
トヌル　チャジュロ　ウネンエ　カルコエヨ

➡ ______________________

④ 空港に迎える　　　　　　/　行ってきます

공항에 마중하다 / 갔다 오겠어요
コンハンエ　マジュンハダ　カッタオゲッソヨ

空港に**迎えに**行ってきます。

➡ 공항에 마중하러 갔다 오겠어요.
コンハンエ　マジュンハロ　カッタオゲッソヨ

➡ ______

⑤ 飲み物を買う　　　　　/　コンビニに行きました

음료수를 사다 / 편의점에 갔어요
ウムニョスルル　サダ　ピョニジョメ　カッソヨ

飲み物を**買いに**コンビニに行きました。

➡ 음료수를 사러 편의점에 갔어요.
ウムニョスルル　サロ　ピョニジョメ　カッソヨ

➡ ______

⑥ 図書館に本を借りる　　　　　　　/　行きます

도서관에 책을 빌리다 / 가요
トソグヮネ　チェグル　ビルリダ　カヨ

図書館に本を**借りに**行きます。

➡ 도서관에 책을 빌리러 가요.
トソグヮネ　チェグル　ビルリロ　カヨ

➡ ______

聞いて答えて

① A: 連休の時、何をしたいですか？

연휴 때 뭘 하고 싶어요?
ヨニュッテ モル ハゴシッポヨ

B: 紅葉を**見に**行きたいです。

단풍을 **보러** 가고 싶어요.
タンプンウル ポロ カゴシッポヨ

② A: 明日**ショッピングしに**行きましょうか？

내일 **쇼핑하러** 갈까요?
ネイル ショッピンハロ カルカヨ

B: いいですね。

좋아요.
チョアヨ

③ A: どこへ行くつもりですか？

어디에 갈 거예요?
オディエ カルコエヨ

B: お金を**下ろしに**銀行に行くつもりです。

돈을 **찾으러** 은행에 갈 거예요.
トヌル チャジュロ ウネンエ カルコエヨ

④ A: 空港に**迎えに**行ってきます。

공항에 **마중하러** 갔다 오겠어요.
コンハンエ マジュンハロ カッタオゲッソヨ

B: 行ってらっしゃい。

다녀 오세요.
タニョオセヨ

⑤ A: ヒャンミさんはいますか？

향미 씨는 있어요?
ヒャンミッシヌン イッソヨ

B: いいえ、飲み物を**買いに**コンビニに行きました。

아뇨, 음료수를 **사러** 편의점에 갔어요.
アニョ ウムニョスルル サロ ピョニジョメ カッソヨ

⑥ A: どこに行きますか？

어디 가요?
オディ カヨ

B: 図書館に本を**借りに**行きます。

도서관에 책을 **빌리러** 가요.
トソグヮネ チェグル ピルリロ カヨ

おいしいのでたくさん食べました。

맛있어서 많이 먹었어요.

マシッソソ　マニ　モゴッソヨ

主に客観的な理由を表します。語幹の **하** は **해서**（ヘソ）、母音が **ㅏ/ㅗ** の時は **아서**（アソ）、それ以外の母音は **어서**（オソ）をつなげます。**해서/아서/어서** の部分は過去形にすることができませんので注意しましょう。

おいしいのでたくさん食べました。

맛있어서 많이 먹었어요.　　맛있다［おいしい］

マシッソソ　マニ　モゴッソヨ

あまりにも**しょっぱいので**水を飲みました。

너무 **짜서** 물을 마셨어요.　　짜다［しょっぱい］

ノム　ッチャソ　ムルル　マショッソヨ

形容詞の語幹のパッチムに **ㅂ** があるときは **우** に変化します（ㅂ不規則）。

地下鉄の駅が**近いので**便利です。

지하철 역이 **가까워서** 편리해요.　　가깝다［近い］

チハチョルリョギ　カッカウォソ　ピョルリヘヨ

つなげてみましょう

① **高いので**買いませんでした。

高い 비싸다 / 買いませんでした 안 샀어요
ピッサダ　アンサッソヨ

➡ **비싸서** 안 샀어요.
ピッサソ　アンサッソヨ

② **辛いので**食べられません。

辛い 맵다 / 食べられません 못 먹어요
メプタ　モンモゴヨ

➡ **매워서** 못 먹어요.（ㅂ不規則）
メウォソ　モンモゴヨ

③ 人が**多くないので**良いです。

人が多くない 사람이 많지 않다 / 良いです 좋아요
サラミ　マンチアンタ　チョアヨ

➡사람이 **많지 않아서** 좋아요.
サラミ　マンチアナソ　チョアヨ

④ 音楽が**好きで**よく聞きます。

音楽が好きだ 음악을 좋아하다 / よく聞きます 자주 들어요
ウマグル　チョアハダ　チャジュ　トゥロヨ

➡음악을 **좋아해서** 자주 들어요.
ウマグル　チョアヘソ　チャジュ　トゥロヨ

基本文型のまとめ
語尾表現
接続表現12
単語帳

練習してみましょう

薄い字をなぞってから文法を活用して文をつくってみましょう。

① 試験がある　/　忙しいです

시험이 있다 / 바빠요
シホミ　イッタ　パッパヨ

試験が**あって**忙しいです。

➔ 시험이 있어서 바빠요.
シホミ　イッソソ　パッパヨ

➔ ______________________________

② お金がない　/　買えません

돈이 없다 / 살 수 없어요
トニ　オプタ　サルス　オプソヨ

お金が**なくて**買えません。

➔ 돈이 없어서 살 수 없어요.
トニ　オプソソ　サルス　オプソヨ

➔ ______________________________

③ 道が混んでいる　/　地下鉄に乗りました

길이 복잡하다 / 지하철을 탔어요
キリ　ポクチャッパダ　チハチョルル　タッソヨ

道が**混んでいて**地下鉄に乗りました。

➔ 길이 복잡해서 지하철을 탔어요.
キリ　ポクチャッペソ　チハチョルル　タッソヨ

➔ ______________________________

④ お腹がすいている　/　たくさん食べました

배가 고프다 / 많이 먹었어요
ペガ　コプダ　マニ　モゴッソヨ

お腹が**すいていて**たくさん食べました。

➡ 배가 고파서 많이 먹었어요.（ㅡ不規則）
ペガ　コパソ　マニ　モゴッソヨ

➡ ____________________

語幹に母音 ㅡ がある動詞・形容詞は表現 **아서/어서** のような母音と連結されるとき ㅡ が脱落し、ㅡ の前の母音が ㅏ か ㅗ なら **아서** 、それ以外は **어서** と連結します。（ㅡ不規則）

例）痛い　痛いので　綺麗だ　綺麗なので

아프다 → **아파서**　예쁘다 → **예뻐서**
アプダ　アパソ　イェップダ　イエッポソ

⑤ 頭が痛い　/　病院に行ってきました

머리가 아프다 / 병원에 갔다 왔어요
モリガ　アプダ　ピョンウォネ　カッタワッソヨ

頭が**痛くて**病院に行ってきました。

➡ 머리가 아파서 병원에 갔다 왔어요.（ㅡ不規則）
モリガ　アパソ　ピョンウォネ　カッタワッソヨ

➡ ____________________

聞いて答えて

① A: 明日時間がありますか？

내일 시간이 있어요?
ネイル　シガニ　イッソヨ

B: いいえ、試験が**あって**忙しいです。

아뇨, 시험이 **있어서** 바빠요.
アニョ　シホミ　イッソソ　パッパヨ

② A: これを買うつもりですか？

이것을 살 거예요?
イゴスル　サルコエヨ

B: いいえ、お金が**なくて**買えません。

아뇨, 돈이 **없어서** 살 수 없어요.
アニョ　トニ　オプソソ　サルス　オプソヨ

③ A: どこに行ってきたのですか？

어디 갔다왔어요?
オディ　カッタワッソヨ

B: 頭が**痛くて**病院に行ってきました。

머리가 **아파서** 병원에 갔다 왔어요.
モリガ　アパソ　ピョンウォネ　カッタワッソヨ

④ A: たくさん召し上がりましたか？

많이 드셨어요?

マニ　トゥショッソヨ

B: はい、お腹が**すいていて**たくさん食べました。

네, 배가 **고파서** 많이 먹었어요.

ネ　ペガ　コパソ　マニ　モゴッソヨ

⑤ A: タクシー（に）乗ってきたのですか？

택시 타고 왔어요?

テクシ　タゴワッソヨ

B: いいえ、道が**混んでいて**地下鉄に乗りました。

아뇨, 길이 **복잡해서** 지하철을 탔어요.

アニョ　キリ　ポクチャッペソ　チハチョルル　タッソヨ

接続表現　復習問題 2

はるかさんの韓国旅行も最終日です。ミンジュさんとの会話を読んで内容をつかんでみましょう。

121

하루카: 민주 씨, 여러 가지 도와 줘서 고마워요.
ミンジュッシ　ヨロカジ　トワジョソ　コマウォヨ

민　주: 뭘요. 우리는 친구잖아요.
ムォルリョ　ウリヌン　チングジャナヨ

내일 몇 시 비행기예요?
ネイル　ミョッシ　ピヘンギエヨ

하루카: 아침 10시 비행기예요.
アチム　ヨルッシ　ピヘンギエヨ

나중에 일본에도 놀러 오세요.
ナジュンネ　イルボネド　ノルロ　オセヨ

제가 안내할게요.
チェガ　アンネハルケヨ

민　주: 네, 꼭 갈게요. 도쿄에서 아름다운 야경을
ネ　ッコッ　カルケヨ　トキョエソ　アルムダウン　ヤギョンウル

보면서 맥주를 마시고 싶어요.
ポミョンソ　メクチュルル　マシゴシッポヨ

하루카: 그때까지 제가 좋은 데를 알아봐 놓을게요.
クッテッカジ　チェガ　チョウンデルル　アラボァ　ノウルケヨ

민　주: 고마워요. 자, 많이 늦었으니까 조심해서 가요.
コマウォヨ　チャ　マニ　ヌジョッスニッカ　チョシメソ　カヨ

뭘요. とんでもないです。　**名詞＋잖아요** ～じゃないですか　**야경** 夜景
여러 가지 色々　**좋은 데** 良い所　**알아봐 놓다** 調べておく

質問

① 하루카 씨는 몇 시 비행기를 타요?
はるかさんは何時の飛行機に乗りますか？
➔ ______________________

② 민주 씨가 일본에 오면 누가 안내할 거예요?
ミンジュさんが日本に来たら誰が案内する予定ですか？
➔ ______________________

③ 민주 씨는 일본에서 뭘 하고 싶어요?
ミンジュさんは日本で何をしたいですか？
➔ ______________________

④ 민주 씨가 일본에 놀러 오기 전에 하루카 씨는 뭘 할 거예요?
ミンジュさんが日本に遊びに来る前にはるかさんは何をするつもりですか？
➔ ______________________

訳文

ハルカ：ミンジュさん、色々手助けしてくれてありがとう。
ミンジュ：とんでもないです。私たち友達じゃないですか。
明日何時の飛行機ですか？
ハルカ：朝10時の飛行機です。後で日本にも遊びに来てください。私が案内しますよ。
ミンジュ：はい、必ず行きます。東京で美しい夜景を見ながらビールを飲みたいですね。
ハルカ：その時までに私がよい所調べておきますね。
ミンジュ：ありがとう。さあ、だいぶ遅くなっちゃったから
気をつけて帰ってくださいね。

質問の答え

① **10시 비행기를 타요.** 10時の飛行機に乗ります。
② **하루카 씨가 안내할 거예요.** はるかさんが案内する予定です。
③ **도쿄에서 아름다운 야경을 보면서 맥주를 마시고 싶어요.** 東京で美しい夜景を見ながらビールを飲みたいです。
④ **좋은 데를 알아봐 놓을 거예요.** 良い所を調べておくつもりです。

接続表現　復習問題 3

[　　] の適切な表現を使って例文を完成させましょう。　122

1. 午前中に**掃除をして**市場に行くつもりです。

午前中に掃除を**掃除する**／市場に行くつもりです　[–고]

오전에 **청소를 하다**／시장에 갈 거예요

オジョネ　チョンソルル　ハダ　シジャンエ　カルコエヨ

➡ ＿＿＿＿＿＿＿＿＿＿＿＿＿＿＿＿

2. 私はお酒を**飲みましたが**、友達は飲みませんでした。

私はお酒を**飲んだ**／友達はジュースを飲みました　[–지만]

저는 술을 **마셨다**／친구는 마시지 않았어요

チョヌン　スルル　マショッタ　チングヌン　マシジ　アナッソヨ

➡ ＿＿＿＿＿＿＿＿＿＿＿＿＿＿＿＿

3. 来る**前に**電話してください。

来る／電話してください。　[–기 전에]

오다／전화해 주세요.

オダ　チョヌヮヘジュセヨ

➡ ＿＿＿＿＿＿＿＿＿＿＿＿＿＿＿＿

4. **一年後に**結婚するつもりです。

一年／結婚するつもりです　[-후에]

1(일)년／결혼할 거예요

イルリョン　キョロナルコエヨ

➡ ______________________

5. **冷たい**ビールが飲みたいです。

冷たい／ビールが飲みたいです　[-은/ㄴ]

시원하다／맥주를 마시고 싶어요

シウォナダ　メクチュルル　マシゴシッポヨ

➡ ______________________

6. 韓国語を**学ぶ**人が多いです。

韓国語を**学ぶ**／人が多いです　[-는]

한국말을 **배우다**／사람이 많아요

ハングンマルル　ペウダ　サラミ　マナヨ

➡ ______________________

7. 友達に**あげる**お土産[1]を買います。

友達に**あげる**／お土産を買います　　[−을/ㄹ]

친구에게 주다／선물을 사요

チングエゲ　チュダ　ソンムルル　サヨ

➡ ＿＿＿＿＿＿＿＿＿＿＿＿＿＿＿＿＿＿＿＿

8. **おいしいので**一度召し上がってみてください。

おいしい／一度召し上がってみてください　　[−으니까/니까]

맛있다／한번 드셔 보세요

マシッタ　ハンボン　トゥショボセヨ

➡ ＿＿＿＿＿＿＿＿＿＿＿＿＿＿＿＿＿＿＿＿

9. 時間が**あれば**一緒に行きましょう。

時間が**ある**／一緒に行きましょう　　[−으면/면]

시간이 있다／같이 갑시다

シガニ　イッタ　カッチ　カプシダ

➡ ＿＿＿＿＿＿＿＿＿＿＿＿＿＿＿＿＿＿＿＿

[1] **선물**（ソンムル）には「お土産」の他、「プレゼント」の意味もあります

10. 本を**読みながら**友達を待ちました。

本を**読む**／友達を待ちました　　[−으면서/면서]

책을 **읽다**／친구를 기다렸어요
チェグル　イクタ　チングルル　キダリョッソヨ

➡ ________________________________

11. 薬を**買いに**薬局に行きます。

薬を**買う**／薬局に行きます　　[−으러/러]

약을 **사다**／약국에 가요
ヤグル　サダ　ヤックゲ　カヨ

➡ ________________________________

12. 道が**混んでいて**遅れました。

道が**混む**／遅れました　　[−아/어/해서]

길이 **막히다**／늦었어요
キリ　マッキダ　ヌジョッソヨ

➡ ________________________________

接続表現　復習問題３　解答

1. 오전에 청소를 하고 시장에 갈 거예요.
   オジョネ　チョンソルル　ハゴ　シジャンエ　カルコエヨ

2. 저는 술을 마셨지만 친구는 마시지 않았어요.
   チョヌン　スルル　マショッチマン　チングヌン　マシジ　アナッソヨ

3. 오기 전에 전화해 주세요.
   オギジョネ　チョヌヮヘジュセヨ

4. 1(일)년 후에 결혼할 거예요.
   イルリョン　フエ　キョロナルコェヨ

5. 시원한 맥주를 마시고 싶어요.
   シウォナン　メクチュルル　マシゴシッポヨ

6. 한국말을 배우는 사람이 많아요.
   ハングンマルル　ペウヌン　サラミ　マナヨ

7. 친구에게 줄 선물을 사요.
   チングエゲ　チュル　ソンムルル　サヨ

8. 맛있으니까 한번 드셔 보세요
   マシイッスニッカ　ハンボン　トゥショボセヨ

9. 시간이 있으면 같이 갑시다.
   シガニ　イッスミョン　カッチ　カプシダ

10. 책을 읽으면서 친구를 기다렸어요.
    チェグル　イルグミョンソ　チングルル　キダリョッソヨ

11. 약을 사러 약국에 가요.
    ヤグル　サロ　ヤックゲ　カヨ

12. 길이 막혀서 늦었어요.
    キリ　マッキョソ　ヌジョッソヨ

尊敬語と謙譲語

韓国語にも日本語と同じように尊敬表現や謙譲表現があります。(韓国では目上であれば身内にも尊敬の表現を使います。)

◇語幹にパッチムがなければ **세요** (セヨ)、あれば **으세요** (ウセヨ) をつなげます。 123

料理する → 料理を**なさいます。**

요리하다 (ヨリハダ) → 요리하**세요**. (ヨリハセヨ)

読む → お読みに**なってください。**

읽다 (イクタ) → 읽**으세요**. (イルグセヨ)

◇過去形は語幹にパッチムがなければ **셨어요** (ショッソヨ)、あれば **으셨어요** (ウショッソヨ) をつなげます。

お買いになる → お買い上げに**なりました。**

사시다 (サシダ) → 사**셨어요**. (サショッソヨ)

お召しになる → お召しに**なられました。**

입으시다 (イブシダ) → 입**으셨어요**. (イブショッソヨ)

◇名詞の場合はパッチムがなければ **세요**（セヨ）、あれば **이세요**（イセヨ）をつなげます。

124

友達

친구
チング

➡ お友達で**いらっしゃいますか？**

친구[세요?]
チングセヨ

学生

학생
ハクセン

➡ 学生で**いらっしゃいます。**

학생[이세요].
ハクセンイセヨ

◇過去形は語幹にパッチムがなければ **셨어요**（ショッソヨ）、あれば **이셨어요**（イショッソヨ）をつなげます。

友達

친구
チング

➡ お友達で**いらっしゃいました。**

친구[셨어요].
チングショッソヨ

会社員

회사원
フェサウォン

➡ 会社員で**いらっしゃいました。**

회사원[이셨어요].
フェサウォニショッソヨ

◇他のヘヨ体と同じくように肯定、疑問、依頼表現の語尾はすべて同じですのでイントネーションに気をつけて話すようにしましょう。

125

行かれます。	行かれますか？	お行きください。
가세요. 下げる	가세요? 上げる	가세요. のばす
カセヨ	カセヨ	カセヨ

② 単語自体が変わる尊敬語

126

言葉	尊敬語
いる・ある 있다 イッタ	いらっしゃる（人）・おありだ（物） 계시다 · 있으시다 ケシダ　イッスシダ
いない・ない 없다 オプタ	いらっしゃらない（人）・おありでない 안 계시다 · 없으시다 アンゲシダ　オプスシダ
寝る 자다 チャダ	お休みになる 주무시다 チュムシダ
死ぬ 죽다 チュクタ	お亡くなりになる 돌아가시다 トラガシダ

食べる・飲む 먹다 · 마시다 モㇰタ　マシダ	召し上がる 드시다 トゥシダ
言う 말하다 マラダ	おっしゃる 말씀하시다 マルスマシダ

この他、家（**집**）➡お宅（**댁**）、名前（**이름**）➡お名前（**성함**）などがあります。
チㇷ゚　テㇰ　イルㇺ　ソンハㇺ

ご自宅はどちらですか？

댁이 어디세요?
テギ　オディセヨ

お名前は何とおっしゃいますか？

성함이 어떻게 되세요?
ソンハミ　オットッケ　トゥエセヨ

会話例

取引先の人：**김 사장님 계세요?**
キム社長はいらっしゃいますか？

社　　員：**네, 잠시만 기다리세요.**
はい、少々お待ちくださいませ。

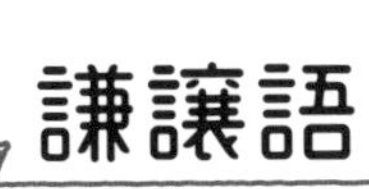

謙譲語

韓国語の謙譲表現として代表的なものは次の通りです。

여쭤 보다　伺う　　(물어보다　尋ねる)
ヨッチュオボダ　　ムロボダ

말씀드리다　申し上げる　　(말하다　言う)
マルスムトゥリダ　　マラダ

–아/어/해 드리다　〜してさしあげる、させていただく
ア　オ　ヘドゥリダ

(–아/어/해 주다　〜してあげる)
ア　オ　ヘジュダ

フレーズ例

ちょっとお尋ねします。(知らない人に声をかけて何か尋ねるとき)

좀 여쭤 보겠습니다.
チョム　ヨッチュオボゲッスムニダ

ご案内申し上げます。(観光施設やデパートなどでの館内放送などで)

안내 말씀드리겠습니다.
アンネ　マルスムトゥリゲッスムニダ

私が致します。

제가 해 드리겠습니다.
チェガ　ヘドゥリゲッスムニダ

読んで差し上げます。

읽어 드립니다.

イルゴドゥリムニダ

買って差し上げます。

사 드립니다.

サドゥリムニダ

会話例

観光客：**좀 여쭤 보겠습니다.**
ちょっとお尋ねします。

通行人：**네, 말씀하세요.**
はい、お話しください。

ファンレターを書こう！

韓国語を勉強している方々からきっかけがK-popや韓国ドラマだったというお話をよく聞きます。そこで、ドラマの役がとても素敵だった、これからも頑張ってほしい、そんな気持ちをブログやお友達同士の間だけでなく、手紙にしたためて直接送ってみませんか？ 普通のお手紙と同じように、あいさつ、簡単な自己紹介、ファンになったきっかけなどから始めていくと良いでしょう。ここではファンレターにつかえる簡単なフレーズをご紹介します。

○○○ 씨에게

○○○ 씨 안녕하세요. 저는 ○○○라고 합니다. 도쿄에 사는 회사원이에요. ①우연히 티비 광고에 나온 노래를 듣고 난 후부터 팬이 되었어요. ②차 안에서 항상 ○○○ 씨 노래를 듣고 있어요. ③멋있는 ○○○ 씨의 목소리를 들으면 위로가 돼요. 10월 도쿄 공연과 12월 카운트 다운에는 꼭 가겠어요. 지금부터 그날이 아주 기다려져요. 항상 건강하세요. 일본에서 응원하고 있어요.

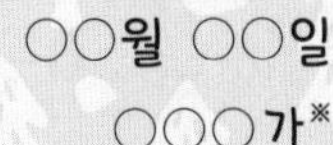

○○월 ○○일
○○○가※

※フォーマルにしたいときは 드림 を使います。

※「～より」にあたる言葉は名前の最後が「ん」で終われば 이 、それ以外では 가 をつけます。

例）じゅんより　준이　　　はるかより　하루카가

訳文

○○○さんへ
○○○さん、こんにちは。私は○○○と申します。東京に住んでいる会社員です。偶然（たまたま）テレビのCMに流れていた歌を聞いてからファンになりました。車の中ではいつも○○○さんの歌を聞いています。
素敵な○○○さんの声を聞くと癒されます。10月の東京公演と12月のカウントダウンには必ず行きます。今からその日がとても待ち遠しいです。いつも元気でいてくださいね。日本から応援しています。

○月○日
○○○より

入れ替えてみましょう

① 우연히 티비 광고에 나온 노래를 듣고 난 후부터 팬이 되었어요.

テレビのCMに流れていた曲を聞いてからファンになりました。

入れ替え例

한국 드라마(영화/티비 프로)「○○○」에서 ○○ 씨를 본 후부터

韓国ドラマ（映画／テレビ番組）「○○○」で○○○さんを見てから

② 차 안에서 항상 ○○○ 씨 노래를 듣고 있어요.

車の中ではいつも○○○さんの歌を聞いています。

入れ替え例

전철이나 버스 안에서/출퇴근할 때/집안일 하면서

電車やバスの中で／通勤するとき／家事をしながら

③ 멋있는 ○○○ 씨의 목소리를 들으면 위로가 돼요.

素敵な○○○さんの声を聞くと癒されます。

入れ替え例

노랫소리를 들으면/모습을 보면/열심히 하는 모습을 보면

歌声を聞くと／姿を見ると／頑張っている姿を見ると

その他のフレーズ

- 愛してます！（大好きです！）

  사랑해요!

- いつも素敵です！

  언제나 멋있어요!

- お誕生日おめでとうございます。

  생일 축하해요.

- いつもハッピーでいてください。

  항상 행복하세요.

- 寒いので（暑いので）健康に気をけてください。

  추운 날씨(더운 날씨)에 건강 조심하세요.

- 次回のアルバム（作品／ドラマ／映画）楽しみにしています。

  다음 앨범(작품/드라마/영화) 기대하고 있어요.

不規則に活用する動詞・形容詞

比較的学びやすいと言われている韓国語ですが、不規則に変化する言葉のために伸び悩んでしまう方も少なくありません。ここではよく使われるものを集めて整理してみました。はじめは 매워요.（辛いです）や 몰라요.（わかりません）のように丸ごとフレーズで覚えていきましょう。

1. ㄹ脱落（動詞・形容詞）

語幹のパッチムに ㄹ がある動詞・形容詞は次に子音の ㅂㅅㄴ のいずれかが来るとパッチム ㄹ は脱落します。

128

単語	活用の例
길다 長い	긴 치마를 입어요. 長いスカートをはきます。
달다 甘い	단 것을 좋아해요. 甘い物が好きです。
살다 住む	서울에 삽니다. ソウルに住んでいます。
알다 わかる、知る	그 사람을 압니까? その人を知っていますか？
팔다 売る	시장에서 파니까 가 보세요. 市場で売っているので行ってみてください。

2. ㅂ不規則（形容詞）

語幹のパッチムに ㅂ があるいくつかの形容詞は次に母音が来ると 우 に変化します。

129

単語	活用の例
덥다 暑い	오늘은 더워요. 今日は暑いです。
뜨겁다 熱い	뜨거운 물을 주세요. お湯を下さい。
맵다 辛い	김치가 매워요. キムチが辛いです。
무겁다 重い	짐이 무거워요. 荷物が重いです。
시끄럽다 うるさい	시끄러워요. うるさいです。
아름답다 美しい	경치가 아름다워요. 景色が美しいです。
어렵다 難しい	발음이 어려워요. 発音が難しいです。
즐겁다 楽しい	즐거워요. 楽しいです。
차갑다 冷たい	물이 차가워요. 水が冷たいです。
춥다 寒い	여기는 추워요. ここは寒いです。

3. ㄷ不規則（動詞）

語幹のパッチムに ㄷ があるいくつかの動詞は次に母音が来ると ㄹ に変化します。

130

単語	活用の例
걷다 歩く	역까지 걸어요. 駅まで歩きます。
듣다 聞く	음악을 들어요. 音楽を聞きます。

4. ㅡ脱落（ㅡ不規則：動詞・形容詞）

語幹に母音 ㅡ がある動詞・形容詞は 아/어 と連結されるとき ㅡ が脱落します。（ㅡ の前の母音が ㅏ/ㅗ なら 아요 と連結し、それ以外では 어요 と連結）

単語	活用の例
바쁘다 忙しい	오늘은 바빠요. 今日は忙しいです。
아프다 痛い	배가 아파요. おなかが痛いです。
쓰다 書く、使う	이름을 써 주세요. 名前を書いてください。
예쁘다 綺麗だ、可愛い	옷이 아주 예뻐요. 服がとても可愛いです。

5. 르不規則（動詞・形容詞）

語幹に 르 がある動詞・形容詞は 아/어 と連結されるとき ㅡ が脱落し ㄹ がひとつ追加されます。（ㅡ の前の母音が ㅏ/ㅗ なら 아요 と連結し、それ以外では 어요 と連結）

単語	活用の例
다르다 異なる	우유하고 두유는 달라요. 牛乳と豆乳は違います。
모르다 わからない（知らない）	아직 한국말을 잘 몰라요. まだ韓国語がよくわかりません。
빠르다 はやい	택시보다 지하철이 빨라요. タクシーより地下鉄がはやいです。
누르다 押す	이 버튼을 눌러 보세요. このボタンを押してみてください。

単語帳

単語

ㄱ

ㄴ

ㅂ

ㅅ

ㅇ

ㅈ

ㅊ

用例集

ㄱ

基本文型のまとめ
語尾表現
接続表現
単語帳

ㅁ

ㅈ

フレーズ

助詞　その他の文型

助詞

その他の文型

가/이 되다　名詞＋～になる

를/을 때　動詞・形容詞＋～時（とき）

잖아요.　名詞＋じゃないですか。

는(은)요?　名詞＋～は？（オウム返しに尋ねる）

● 監修者紹介 ●
増田 忠幸（ますだ ただゆき）
1956 年埼玉県川越市生まれ。ICU 卒。
NHK テレビ・ラジオハングル講座・講師。
秀林外語専門学校・講師。よみうりカルチャー川越・講師。

著書：『韓国語のかたち』『韓国語のしくみ』『こんなにわかるハングル』『韓国語プラクティス 100』（白水社）、『つたえる韓国語』（入門編／基礎編／応用編）『韓国語ステップアップ 20 』『韓国人が日本人によく聞く 100 の質問』（三修社）、『韓国語をはじめよう！』（すばる舎）、『コツコツ君が行く！韓国語レッスン 30 日』（アスク出版）、『일본문화로 배우는 일본어 청해+독해（日本文化で学ぶ本語聴解＋読解）』（韓国・니혼고　팩토리）他

● 著者紹介 ●
栗畑 利枝（くりはた としえ）
千葉県出身。慶熙大学外国語学部韓国語学科卒業。
韓国　文化体育観光部　韓国語教師資格 2 級、日本政府観光局通訳案内士（韓国語）。
韓国語及び国際観光、通訳ガイド、翻訳講師として教鞭をとるかたわら、法務省、財務省職員、スポーツ選手への語学指導にもあたる。

初級文法で使いこなす韓国語　MP3 対応 CD-ROM 1 枚付

2020 年 9 月 10 日　初版 1 刷発行

著者	増田 忠幸・栗畑 利枝
装丁・本文デザイン	die
ナレーション	元 順瑛・清水 亜也奈
DTP・印刷・製本	萩原印刷株式会社
CD-ROM 制作	株式会社中録新社
発行	株式会社 駿河台出版社 〒101-0062 東京都千代田区神田駿河台 3-7 TEL 03-3291-1676 / FAX 03-3291-1675 http://www.e-surugadai.com
発行人	井田 洋二

ISBN　978-4-411-03127-3　C1087